供求关系视角下的政府公共体育产品供需论问题研究

张道林◎著

汕头大学出版社

图书在版编目(CIP)数据

供求关系视角下的政府公共体育产品供需论问题研究 /
张道林著. — 汕头 ：汕头大学出版社，2021.7
ISBN 978-7-5658-4411-9

Ⅰ.①供… Ⅱ.①张… Ⅲ.①社区—体育—产品—供
需形势—研究—中国 Ⅳ.①G812.4

中国版本图书馆 CIP 数据核字(2021)第 162689 号

供求关系视角下的政府公共体育产品供需论问题研究
GONGQIU GUANXI SHIJIAOXIA DE ZHENGFU GONGGONG TIYU CHANPIN GONGXU
LUN WENTI YANJIU

著　　者：	张道林	
责任编辑：	黄洁玲	
责任技编：	黄东生	
封面设计：	郭宝鹰	
出版发行：	汕头大学出版社	
	广东省汕头市大学路 243 号汕头大学校园内　　邮政编码：515063	
电　　话：	0754-82904613	
印　　刷：	蚌埠市广达印务有限公司	
开　　本：	787mm×960mm　1/16	
印　　张：	6	
字　　数：	105 千字	
版　　次：	2021 年 7 月第 1 版	
印　　次：	2023 年 10 月第 1 次印刷	
定　　价：	59.80 元	

ISBN 978-7-5658-4411-9

前　言

　　《"健康中国 2030"规划纲要》是为推进健康中国建设,提高人民健康水平,根据党的十八届五中全会战略部署制定。由中共中央、国务院于 2016 年10 月 25 日印发并实施。实现国民健康长寿,是国家富强、民族振兴的重要标志,也是全国各族人民的共同愿望。公共体育产品是制约人民体育锻炼的重要因素,政府如何平衡公共体育产品供给是一个亟待解决的问题。

　　基于经济学的供求关系视角,通过文献资料分析、数理统计等方法,对社会公共体育产品的供需平衡理论问题进行了分析。研究表明:现阶段我国经济发展水平、居民收入水平较以前有了一定的提高,农村居民和城市居民的体育锻炼活动意识开始增强,对公共体育产品的需求逐渐形成;供给方面,则表现为供给数量不平衡、供给主体单一、利用率低下等。

　　农村以行政村为中心,城镇以社区为中心构建社区公共体育产品的供给。社区公共体育产品是以服务为中心,以资源供给和制度保障为条件,以居住地的体育活动需求为出发点,以社区体育人才为骨干,以推动全民健身、促进体育消费、扩大内需、拉动经济增长为目标的服务系统。社区体育的兴起,给我国城市体育带来了新的升级和活力。社区体育场地设施是社区居民进行体育锻炼的主要场所,是实现"全民健身"运动的必要条件,更是反映一个城市现代化程度的重要标准。本书对环鄱阳湖生态经济区农民体育健身工程和南昌市部分新建住宅社区的体育场地设施进行了深入的调查与分析,找出了影响社区体育活动开展的具体原因,为改善农村和城镇社区体育场地设施条件提供了理论依据。

　　本书针对目前政府公共体育产品的供需不均衡现状,提出了改善供给方式、合理确定收费价格、调动大众参与体育锻炼积极性等一系列对策性建议。

著　者

2021 年 5 月

目　　录

第1章 绪　　论

1.1　选题依据

1.1.1　政策依据

中共中央政治局 2016 年 8 月 26 日召开会议,由中共中央总书记习近平主持会议,审议通过《"健康中国 2030"规划纲要》(以下简称《纲要》)。由中共中央、国务院于 2016 年 10 月 25 日印发并实施。推进健康中国建设,必须高举中国特色社会主义伟大旗帜,全面贯彻党的十八大和十八届三中、四中、五中全会精神,以马克思列宁主义、毛泽东思想、邓小平理论、"三个代表"重要思想、科学发展观为指导,深入学习贯彻习近平总书记系列重要讲话精神,紧紧围绕统筹推进"五位一体"总体布局和协调推进"四个全面"战略布局,认真落实党中央、国务院决策部署,坚持以人民为中心的发展思想,牢固树立和贯彻落实新发展理念,坚持正确的卫生与健康工作方针,以提高人民健康水平为核心,以体制机制改革创新为动力,以普及健康生活、优化健康服务、完善健康保障、建设健康环境、发展健康产业为重点,把健康融入所有政策,加快转变健康领域发展方式,全方位、全周期维护和保障人民健康,大幅提高健康水平,显著改善健康公平,为实现"两个一百年"奋斗目标和中华民族伟大复兴的中国梦提供坚实健康基础。[①]

《纲要》[②]指出,新中国成立特别是改革开放以来,我国健康领域改革发展成就显著,人民健康水平不断提高。同时,我国也面临工业化、城镇化、人口老

---

① 引自中共中央政治局 2016 年 8 月 26 日召开会议审议通过《"健康中国 2030"规划纲要》会议纪要。

② 引自中共中央.国务院印发《"健康中国 2030"规划纲要》,2016 年 10 月 25 日。

龄化以及疾病谱、生态环境、生活方式不断变化等带来的新挑战,需要统筹解决关系人民健康的重大和长远问题。

《"健康中国 2030"规划纲要》是今后 15 年推进健康中国建设的行动纲领。"要坚持以人民为中心的发展思想,牢固树立和贯彻落实创新、协调、绿色、开放、共享的发展理念,坚持正确的卫生与健康工作方针,坚持健康优先、改革创新、科学发展、公平公正的原则,以提高人民健康水平为核心,以体制机制改革创新为动力,从广泛的健康影响因素入手,以普及健康生活、优化健康服务、完善健康保障、建设健康环境、发展健康产业为重点,把健康融入所有政策,全方位、全周期保障人民健康,大幅提高健康水平,显著改善健康公平。

《纲要》[①]进一步指出,推进健康中国建设,要坚持预防为主,推行健康文明的生活方式,营造绿色安全的健康环境,减少疾病发生。要调整优化健康服务体系,强化早诊断、早治疗、早康复,坚持保基本、强基层、建机制,更好满足人民群众健康需求。要坚持共建共享、全民健康,坚持政府主导,动员全社会参与,突出解决好妇女儿童、老年人、残疾人、流动人口、低收入人群等重点人群的健康问题。要强化组织实施,加大政府投入,深化体制机制改革,加快健康人力资源建设,推动健康科技创新,建设健康信息化服务体系,加强健康法治建设,扩大健康国际交流合作。

《纲要》强调,各级党委和政府要增强责任感和紧迫感,把人民健康放在优先发展的战略地位,抓紧研究制定配套政策,坚持问题导向,抓紧补齐短板,不断为实现"两个一百年"奋斗目标、实现中华民族伟大复兴的中国梦打下坚实健康基础。实现国民健康长寿,是国家富强、民族振兴的重要标志,也是全国各族人民的共同愿望。

公共体育产品是制约人民体育锻炼的重要因素,政府如何平衡公共体育产品供给是一个亟待解决的问题。笔者从农村体育场地设施和城市体育场地两方面进行研究,先从农村体育场地设施方面研究。

"要让农民平等参与现代化进程,共享现代化成果。"这是党在十八届三中全会公报中提出的惠农举措,同时党的十八大报告也指出"要加快完善城乡发展一体化体制机制,促进城乡要素平等交换和公共资源均衡配置,形成以工促农、以城带乡、工农互惠、城乡一体的新型工农、城乡关系。"由此可见国家对农

---

① 引自中共中央.国务院印发《"健康中国 2030"规划纲要》,2016 年 10 月 25 日。

村工作的重视。

"十一五"期间,农民体育健身工程建设项目国家投入 12 亿元,截至 2010 年底,在全国范围内建成农民体育健身工程共计 23 万多个,超过原计划 1 倍多。①

"十二五"期间,国家继续推进农民体育健身工程的建设,加大投资力度。2011 年 8 月 15 日,江西省发布《江西省全民健身实施计划(2011—2015 年)》,该计划提出"到 2015 年全省人均体育场地设施面积达 1.5 平方米以上。各类体育场地达 4 万个。形成设区市、县(区、市)、街道(乡镇)、社区(行政村)四级公共体育健身设施网络。全部设区市、50% 以上的县(区、市)建有'全民健身活动中心'。50%~80% 以上的街道(乡镇),50% 以上的社区(行政村)建有公共体育健身设施"②。

1.1.2　社会发展需要

农民体育健身工程是当前全民健身研究的热点,而对环鄱阳湖生态经济区农民体育健身工程的研究却非常的匮乏。农民体育健身活动想要全面发展起来,当前社会必须满足两个基本条件:一是社会、经济发展水平能够满足人们的基本生活需要,即解决"钱"的问题;二是人们必须拥有可供自由支配的余暇时间,即解决"闲"的问题。只有这两个非常重要的基本条件同时具备了,农民体育健身工程才能顺利实施下去,农民群众体育才能健康、长期地发展起来。

环鄱阳湖生态经济区基本上满足了以上的基本要求,"环鄱阳湖生态经济区位于江西省北部,包括南昌、景德镇、鹰潭 3 市,以及九江、新余、抚州、宜春、上饶、吉安市的部分县(市、区),共 38 个县(市、区)和鄱阳湖全部湖体在内,国土面积为 5.12 万平方公里。占江西省国土面积的 30%,人口占江西省 50%,经济总量占江西省 60%"③。鄱阳湖生态经济区与江西省其他地区相比,经济实力较强,拥有开展体育运动的良好土壤。据资料统计,到 2010 年,江西省农

---

① 国家体育总局网站 http://www.sport.gov.cn/n16/index.html.

② 引自《江西省人民政府关于印发江西省全民健身实施计划(2011—2015)的通知》(赣府发〔2011〕17 号)。

③ 江西省政府网站 http://www.jiangxi.gov.cn/zhuan ti/ty/4964445.htm.

民体育健身工程总量达到 2470 个行政村,占全省行政村的 14.6%。[①] 2011年,借助南昌承办第七届全国城市运动会的机会,以"红色英雄城,绿色七城会"为主题,江西省开展了一系列全民健身活动,在各地市组织实施了农民体育健身工程,又完成了 532 个行政村,在全省范围内消除了体育设施空白县,2012 年和 2013 年分别建成 1431 个和 2061 个。[②]

当前,鄱阳湖生态经济区"农民体育健身工程"得到了大力推进,为了更好地评价鄱阳湖生态经济区"农民体育健身工程"的实施效果,找到不足之处,本书以南昌市为例对其进行了全面的探究。

1.2　研　究　意　义

1.2.1　理论意义

从理论意义上看,我国实施"农民体育健身工程"后,上级政府特别注重农村体育事业的发展,组织专家学者加快进行相关的研究,通过"专家论证、专人领导、服务到位",对农民体育健身工程起到较大的促进作用。但是纵观当前的研究现状,研究者对农民体育健身工程的研究主要集中在我国东部经济比较好的地区,对经济欠发达地区的中西部地区研究成果较少,对江西省环鄱阳湖生态经济区农民体育健身工程的相关理论研究更少。因此,通过本书的研究,旨在为全国各地尤其是欠发达地区"农民体育健身工程"的实施提供一定的理论参考。主要体现在以下四点:

(1)通过对环鄱阳湖生态经济区农民体育健身工程实施效果系统的研究,探讨建立环鄱阳湖生态经济区农民体育健身工程发展的长效机制,为进一步优化农民健身工程实施提供理论参考。

(2)通过分析农民体育健身工程实施效果及存在的问题,总结经验,为省内其他农民体育健身工程实施提供借鉴。

(3)丰富了我国中西部地区有关"农民体育健身工程"相关研究的理论。

---

① 江西省体育局网站 http://www.jxsport.gov.cn/.

② 引自《江西省人民政府关于印发江西省全民健身实施计划(2011－2015)的通知》(赣府发〔2011〕17 号)。

（4）通过环鄱阳湖生态经济区农民体育健身工程实施效果的研究，为我国未来体育健身政策的制定提供了一定的参考依据。

1.2.2 现实意义

从现实意义上看，近年来国家日益注重农民的身体健康水平，"农民体育健身工程"得到了广泛的推广。特别是"十八大"与"十八届三中全会"的召开，城乡一体化的进程不断加快，农民身体素质的提高，发展成果与农民共享，这些问题已成为各级政府的当务之急。但是，纵观我国各地的"农民体育健身工程"实施过程中质量水平参差不齐，农村与城市间的发展差距仍然很大，还存在农民健身活动的组织、基础设施投入等无法克服的问题，有待于进一步研究解决。

本书以南昌市为例，对鄱阳湖生态经济区"农民体育健身工程"实施效果进行了全面的分析与研究，找到了鄱阳湖生态经济区农民体育健身工程实施过程中存在的问题、取得的成功经验，以及下一步的建议。

本书的重要现实意义在于，将农民体育健身工程的实施问题进行"聚焦化"，以位于鄱阳湖生态经济区的南昌市为具体案例，来揭示如何快速发展农民体育事业的路径和办法，以及未来发展的方向和目标。主要现实意义有以下四点：

（1）为环鄱阳湖生态经济区农民体育健身工程的发展，以及整个环鄱阳湖经济生态区新农村建设的发展提供建议；

（2）对环鄱阳湖生态经济区农民体育健身工程效果进行深入研究，有助于政府职能部门在农村体育领域的改革；

（3）促进环鄱阳湖生态经济区群众体育运动的全面发展及政策保护；

（4）建立环鄱阳湖生态经济区农村体育发展的新路径。

1.3 相关概念界定

概念的界定是对事物进行研究的基础，清晰的概念会使研究更加明确。就环鄱阳湖生态经济区"农民体育健身工程"实施效果而言，本书涉及环鄱阳生态经济区、农民体育健身工程的概念。本书在此对这些概念做基本的阐释。

1.3.1　鄱阳湖生态经济区的概念

1.3.1.1　鄱阳湖

鄱阳湖,"位于北纬 28°22′至 29°45′,东经 115°47′至 116°45′。地处江西省的北部,长江中下游南岸,鄱阳湖以松门山为界,分为南北两部分,北面为入江水道,长 40 公里,宽 3 至 5 公里,最窄处约 2.8 公里;南面为主湖体,长 133 公里,最宽处达 74 公里。"[①]

鄱阳湖是世界上最大的鸟类保护区,每年秋末冬初,有成千上万只候鸟从俄罗斯西伯利亚、蒙古国、日本、朝鲜以及中国东北、西北等地来此越冬[②]。现在,鄱阳湖自然保护区中有 300 多种鸟类,近百万只,其中白鹤等珍禽 50 多种。鄱阳湖由此得到了"白鹤世界""珍禽王国"的称号。

1.3.1.2　环鄱阳湖生态经济区

生态区是指从生态学和地理学上讲,生态区小于生物区,而生物区又小于生物地理分布区,生态区涵盖了大范围的陆地或水域,有着独特的天然群落和物种的组合。表现为"植物、动物和生态系统的生物多样性使得某一生态区与其他生态区有显著不同。理论上来说,生物多样性或生态保护区中不同物种和群落之间在任一时间点的交会的概率应保持相对稳定,并在可接受范围(这一点在很大程度上是不确定的)内变化"[③]。

所谓"生态经济区",就是生态环境与社会经济实现了协调发展,各个领域达到了当代可持续发展目标要求的区域。它的主要标志是"生态环境良好并且不断趋向更高水平的平衡,自然资源得到合理保护和利用,以生态或绿色经济为特色的经济高度发展、结构合理,总体竞争力强,现代生态文化形成并得到发展,民主与法制健全,社会文明程度高。城市和乡村环境优美,人民生活

---

①　鄱阳湖简介 http://www.jxcn.cn/34/2008－10－13/30093@439588.htm(中国江西网).

②　同上.

③　生态区 http://zh.wikipedia.org/wiki/%E7%94%9F%E6%85%8B%E5%8D80(维基百科).

水平全面进入富裕阶段。环境污染得到根本控制和基本消除"①。

环鄱阳湖生态经济区(亦称鄱阳湖生态经济区)是"以江西鄱阳湖为核心,以鄱阳湖城市圈为依托,以保护生态、发展经济为重要战略构想,把鄱阳湖生态经济区建设成为全国生态文明与经济社会发展协调统一、人与自然和谐相处的生态经济示范区和中国低碳经济发展先行区"②。国务院已于2009年12月12日正式批复《鄱阳湖生态经济区规划》,标志着建设鄱阳湖生态经济区正式上升为国家战略,这也是新中国成立以来,江西省第一个纳入国家战略的区域性发展规划,是江西发展史上的重大里程碑,对实现江西崛起新跨越具有重大而深远的意义③。

根据《鄱阳湖生态经济区规划》,其战略定位为"三区一平台",提出了促进区域经济的可持续协调发展,深化改革的六大任务。《鄱阳湖生态经济区"两区一带"分区详细规划》中将鄱阳湖生态经济区按照产业集聚能力、人口的分布,将鄱阳湖生态经济区划分为"湖体核心保护区、滨湖控制开发带和高效集约发展区",拟通过"两步走"的战略,实现鄱阳湖生态经济区的经济与社会的跨越式发展。④而第一步2009—2015年就包括通过创新体制机制,夯实发展基础,壮大生态经济实力,其中在社会事业发展方面就包括了提高鄱阳湖生态经济区居民的身体素质,实施"农民健身工程"。

1.3.2 农民体育健身工程相关概念

1.3.2.1 农民体育

农民体育就是狭义的农村体育,也是指农村群众体育,是农村人口(即农民)以身体健康、养生、休闲、娱乐为目的而进行的身体文化活动,主要特点是自主性、自愿性、分散性、多样性和农闲性⑤。它和农村竞技体育、农村学校体

---

① 生态区 http://zh.wikipedia.org/wiki/%E7%94%9F%E6%85%8B%E5%8D%80(维基百科).

② 鄱阳湖生态经济区简介[EB/OL]http://www.jiangxi.gov.cn/zhuan ti/ty/5964742.htm(江西省政府网站).

③ 江西省政府网站 http://www.jiangxi.gov.cn/zhuan ti/ty/5964742.htm.

④ 鄱阳湖生态经济区"两区一带"分区详细规划[EB/OL]http://www.jiangxi.gov.cn(江西省政府网站).

⑤ 田雨普,等.农民体育发展战略研究[M].江苏:南京师范大学出版社,2009:34-35.

育组成了广义上的农村体育。

1.3.2.2　农民体育健身工程

农民体育健身工程是按照国家体育总局的《关于实施农民体育健身工程的意见》,该意见是由国家体育总局于 2006 年颁布的,指出:"农民体育健身工程是以行政村为主要实施对象,以经济、实用的小型公共体育健身场地设施建设为重点,把场地建到农民身边,同时推动农村体育组织建设、体育活动站建设,广泛开展丰富多彩的体育活动,加强对农村体育骨干的培训,全面构建农村体育服务体系,促进农民体育事业蓬勃发展,为农民身体素质提高打下坚实基础的一项重要惠民工程。"[①]在《关于实施农民体育健身工程的意见》中,从国家层面对农民体育健身工程进行了宏观方向的规定,可看作对我国农民体育健身工程的最为确切的定义。

1.3.3　工程场地设施建设的基本标准

农民体育健身工程有两种:行政村农民体育健身工程从 2006 年试行,2007 年开始在全国推开;乡镇农民体育建设工程从 2010 年试行,2011 年正式实施。建设方式是:中央资金引导、地方各级政府投资为主,社会支持为辅,体育彩票公益金主要在器材配置上予以支持,利用村级公共用地,农民自愿投工投劳进行建设。

1.3.3.1　行政村农民体育健身工程

按国家体育总局、国家发改委、财政部共同颁布《"十一五"农民体育健身工程建设规划》的要求,"基本标准是一块硬化的标准篮球场,并配置一副篮球架和两张室外乒乓球台,在此基础上,提倡经济条件较好,人口较多的地区在尊重农民意愿的前提下,增加面积、器材及设施。"[②]

1.3.3.2　乡镇农民体育健身工程

从 2010 年开始,国家开始试行建设乡镇农民体育健身工程,并从 2011 年

---

① 国家体育总局.《关于印发〈关于实施农民体育健身工程的意见〉的通知(体发〔2006〕13 号)。

② 国家体育总局、国家发改委、国家财政部.《"十一五"农民体育健身工程建设规划》〔Z〕.2007.5:41.

正式在全国推行。乡镇农民体育健身工程的建设标准为"1 块带看台的水磨石灯光篮球场,1 块放置 4 张乒乓球台的活动场地,1 块放置 15 件健身器材的活动场地,1 块门球场或羽毛球场或网球场,以及必备的灯光、篮球架、乒乓球台、路径器材等器材设施"①。

1.4　国内外文献综述

1.4.1　国外研究现状分析

站在全球的角度审视"农民体育健身",国外在农村体育健身方面的研究成果较少。其主要原因是:国外发达国家的城乡一体化进程较快,经济发展迅速,城市与农村间的差异性较小。对国外来说,无论是农村还是城镇,居民的健康意义与体育锻炼意识都较强,具体"农民体育健身工程"方面的研究没有查到。

1.4.1.1　美国农村体育

为了提高全美居民的体育素质,美国出台了《最佳健康计划》和《2000 年健康计划》,主要是通过娱乐与休闲项目来带动广大居民参与体育运动。并且建立了《美国泰德·史蒂文斯奥林匹克与业余体育法》,通过立法的力量来推进体育运动项目的开展。总体来说,美国的农村体育较为完善,开展也十分广泛,群众性体育运动是美国居民最为重要的锻炼类型。②

美国体育学家哈瑞斯指出:"农村体育的开展的关键因素在于促进体育的'跨界'发展,即:由城市向广大的农村进行推广,不管运动的或不参与运动的人,都能够在农村体育俱乐部中进行体育锻炼。"③

摩汉认为:"农村体育运动的开展与社会资本的流动有直接的关系,投入

---

① 国家体育总局.《关于实施"十二五"农民体育健身工程的意见》[Z].2011.3:35.

② NCPPA National physical activity gets a running start [EB/OL]. http://www.hcppa.org/home/news/17/2010-05-11.

③ Healthy People 2000 Fact Sheet EB/OL]. http://odphp. osophs. gov/pubs/hp2000/hp2kfact.htm.2010-07-30.

体育健身方面的社会资本拥有过渡性（包含性）和黏结性（排外性）的特征，农村人口稀少，社会资本的流动性差，使之体育设施薄弱。"[①]

1.4.1.2　德国农村体育

德国制定了《家庭体育奖章制》和《黄金计划》，通过建立"德国国家体育联合会"的方式，来开展全民体育健身运动，通过德国国家体育联合会来组织与发动广大公民参与体育健身锻炼。在德国的农村，通常是由居民自动组织相关的体育健身俱乐部，来开展体育健身运动。德国体育学家维克托指出："体育俱乐部在德国农村和社区传统地被认为是民间约会的场所，体育俱乐部更是一种情景差异的暂时解决场所，体育俱乐部的健身功能没有得到充分的发挥。"

1.4.1.3　日本农村体育

日本出台了《迈向 21 世纪体育振兴策略》来对体育健身运动进行规划与支持。在日本，体育健身项目是一项社会福利事业，主要通过政府投资的方式来保障体育运动项目的开展。在政府的引导下，支援各地的居民参与到体育运动中来。[②] 日本主要通过政府管理机构、社团和民间组织机构对群众性体育运动进行推广，"中央、省（都道府）、市"三级组织对群众性的休育项目进行宣传与鼓动，形成了较好的管理合力。

1.4.1.4　英国农村体育

英国为了促进本国国民体育项目的开展，颁布了英国《体育供给计划》《未来十年的社区体育》《90 年代的社区体育：1988－1993 发展战略》等内容。虽然英国对群众性体育锻炼的开展较为注重，但是与日本不同的是，英国政府不直接参与群众性体育项目的组织与引导，而是完全由群众自主进行组织。[③] 政府只是负责体育项目的拨款，其余的全部由群众自主进行解决。英国的体

---

① Sports recreation leisure market research.Sports Industry Market Research.2011. http://www. aausports.org/.

② 日本体育指导实务研究会监修.体育振兴法.体育指导实务必携[M].东京:行政出版社,2002:36.

③ 凯文.希尔顿.体育发展:政策、过程与实践[M].北京:北京体育大学出版社,2007: 71-73.

育基层组织遍布在全英国的各个乡村,政府为广大民众提供体育锻炼的场馆与设施,并且收费很低。①

从资源的来源看,政府投资、体育彩票和社会捐助成为英国各类群众性体育项目的重要资金来源。

1.4.1.5　小结

从以上研究可以看出,当前国外群众性体育运动开展得较为广泛,但是相关农民体育的研究成果较少,并且都是停留在宏观层面大众体育政策的研究上面。国外农民体育的相关研究资料少,其活动经验难以借鉴。"二战"后,欧、美、日本、韩国等经济发达的国家,对国民的身体健康状况都比较关注,相继实施了很多健身计划。但是专门针对农村而修建的体育健身工程方面的文献,通过 CNKI(中国知网)、万方等数据库进行检索,收获甚微。

综上所述,虽然当前国外的体育运动项目开展形式上对我国具有一定的借鉴意义,但是对于具体的学术研究方面,本课题可借鉴的内容不多。

1.4.2　国内研究现状分析

为了进一步系统了解国内农民健身工程研究概况,通过 CNKI、万方、维普、龙源期刊网上自 2006 年至 2012 年 10 月的有关农民健身工程的文献和相关资料了解到,目前对农民健身工程的研究主要有以下几点:

1.4.2.1　关于农民体育健身工程实施效果整体状况的研究

"十一五"期间国家投入大量财力和精力,在农村构建农村体育服务体系,推进农民体育健身工程。特别是 2008 年后,国家提倡群众体育和竞技体育要协调发展,学者们也把研究的热情放在这一研究领域。

刘江山等人(2010)对江苏太湖周边地区的农民体育健身工程实施现状进行了调查,结果显示"农民体育健身工程硬件设施建设良好,但农民主动参与体育锻炼的意识仍然不强,健身活动经费投入匮乏、体育组织建设及骨干队伍培养工作开展不力"②。

①　曹现强.当代英国公共服务改革研究[D].济南:山东大学,2007.

②　刘江山,邰崇禧.江苏太湖周边地区农民体育健身工程现状及对策[J].体育成人教育学刊,2010,26(3):32-34.

　　陈星潭等人(2010)随机选取广东省 600 名农村居民作为研究对象,发现"农民的体育价值观变得更加健康积极,参与体育活动的期望明显加强,体质水平较前也有明显提高。但存在地方领导重视和支持不够、农民的体育健身意识比较淡薄、农村体育设施建设现状亟待改善、体育社会指导员缺乏等阻碍因素"①。

　　孔庆波(2009)在其硕士论文中对山东省农民体育健身工程实施效果进行研究得出,"农民发病率较高且带病期长,男性肥胖率呈上升趋势;农民体育锻炼不足;工程实施存在机遇;工程建设存在矛盾;大部分农民的体育需求不能通过'统一化'工程建设实现;部分场地建设不标准;'软件'成为制约工程实施的瓶颈;工程实施过程中文化力认识不足。"②

　　胡富松等人(2010)从民族传统体育的角度,研究海南农民体育健身工程得出结论:"民族传统体育的开展在海南有较好的基础。民族传统体育活动得到大多数农民了解与喜欢,从而使体育锻炼参与的人不断扩大增多,体育人口增加,为实施农民体育健身工程提供根本保障;民族传统体育开展主要受场地设施建设以及领导重视程度的影响。同样民族传统体育活动的开展好坏直接影响到农民体育健身工程推动,反过来,农民体育健身工程的建设为民族传统体育提供传承和发展的契机与平台,促使民族传统体育的普及与提高。"③

　　王惠宁(2009)用摄影形象、生动的方式将体育健身工程一系列照片发表在《中国财政》上,对宁夏体彩公益金支持固原县农民健身工程进行报道,在农民体育健身工程多渠道融资方式上给我们提供参考。④

　　吴昊(2011)在其硕士论文中以信阳市 5 个县区的农村体育工作者为调查对象,对信阳市实施农民体育健身工程后农村群众体育现状进行系统研究。得出"多数农民体育意识不强,以独自锻炼为主;农村体育场地设施偏少,集中在乡村学校;农村体育工作者存在年龄结构不合理,文化水平不高的现象;但

　　①　陈星潭,徐永峰.广东省农民体育健身工程的实施效果[J].体育学刊,2010(5):31-33.

　　②　孔庆波.山东省"农民体育健身工程"实施效果研究[D].大连:辽宁师范大学,2009.

　　③　胡富松,王博文.民族传统体育在海南农民健身工程中应用现状的调查研究[J].琼州学院学报,2010,17(5):67-68.

　　④　王惠宁.宁夏:体彩公益金支持固原农民健身工程[J].中国财政,2009(11):60.

信阳市农村体育比赛活动开展较好"①。

宁丽娟(2011)在其硕士论文对重庆市农民体育健身工程实施效果进行研究得出,"此工程有助于提高农民体育参与的积极性,有助于村落文体活动开展的经常性,有助于农村体育公共服务体系的建立,有助于村民养成健康的生活方式。"②

曲雪(2012)在其硕士论文从农民体育健身工程为切入点,对山东省新农村建设进行全面的研究,得出以下结论:"(1)山东省各地区经济发展发展不平衡,导致工程的建设及后期养护情况不容乐观;(2)山东省农民体育健身工程的实施对农村体育发展有积极推动作用;(3)工程实施后,农民体育参与的状况有很大变化;(4)随着农村经济水平的提高,农民用于体育消费的资金有小幅上涨;(5)工程实施后对山东省新农村体育发展产生了积极的影响。"③

综上所述,可以看出各位学者对农民体育健身工程实施效果的整体状况进行了深入的研究,主要集中在农民体育健身工程的整体效益、农民体育健身工程的健身效益、农民体育健身工程的社会效益、农民体育健身工程的环境效益等方面。

1.4.2.2　关于农民体育健身工程实施效果影响因素的研究

农民体育健身工程实施效果的影响因素的研究,集中在四个方面:

(1)资金短缺是工程实施效果不佳的首因;

(2)农村人口的流动给工程的实施带来阻力;

(3)体育场地设施匮乏成为工程发展的瓶颈;

(4)体育指导员队伍的失衡使工程后劲不足。

刘江山等人(2007)认为制约农民体育健身工程开展的因素有:"(1)农民缺乏健身意识;(2)农村经济条件不允许;(3)体育经费、场所及设施受限;(4)地方政府部门不予重视。"④

———————————

①　吴昊.实施农民体育健身工程背景下信阳市农村体育现状调查研究[D].开封:河南大学,2011.

②　宁丽娟.重庆市农民体育健身工程的实效性研究[D].重庆:西南大学,2011.

③　曲雪.山东省农民体育健身工程对新农村体育建设影响的实证研究[D].济宁:曲阜师范大学.2012.

④　刘江山,郑志磊.农民健身工程——对建设社会主义新农村的思考[J].重庆工商大学学报(自然科学版),2007,24(6):303-305.

刘志敏等人(2009)阐述了北京农民体育健身工程实施效果,影响农民体育健身计划实施的主要因素体现在村容、村貌建设,观念意识,经济文化,生活压力等方面。[①]

韩希刚(2010)对铁岭市农民体育健身工程实施的现状和存在的问题进行了深入调研。调研结果表明,"农村的体育人口比例有待提高,参与意识不强,体育活动形式和选择的健身项目等方面也应该从活动形式多样化和项目普及化着手。"[②]

阳红林等人(2012)对河南省农民健身工程实施后全民健身运动进行研究,得出:"(1)农民体育健身工程实施后,河南省农村体育事业取得了一定的成绩,由于地区间经济发展不平衡,仍有部分县、乡(镇)没有落实这项受惠于农民的健身工程;(2)农村仍缺乏大量的社会体育指导员;(3)各县、乡(镇)对国家实施农民体育健身工程的重要性以及重大意义宣传较少;(4)在各县、乡(镇)进行"一场二台"的建设过程中,应充分了解当地的体育风俗民情;(5)实施农民体育健身工程资金来源少,民间资金注入不足。"[③]

叶明(2012)在其硕士论文对湖北农民体育健身工程实施效果进行研究,调查得出存在以下问题:"发达地区的资金投入比较少,工程实施进度较慢;地方性法规建立明显滞后,并不健全;非行政拨款依然较少;社会指导员缺乏。"[④]

如上所述,学者们普遍认为:影响我国农民体育健身工程实施效果的因素主要是由于地方政府的认识不到位,资金、场馆的短缺,体育人才的匮乏,宣传不够,以及农民思想意识落后等问题。

1.4.2.3　关于农民体育健身工程实施效果保障策略的研究

农民体育健身工程实施效果的保障策略大部分都提出以下几点:

(1)加强政府职能,多渠道筹集体育经费;

(2)管理好场地器材,完善工程管理机制;

①　王智慧,刘志敏,何满龙.我国核心区域"农民体育健身工程"实施效果——来自北京农村的调查研究[J].山东体育学院学报,2009,25(3):24.

②　韩希刚.铁岭市农民健身工程实施现状和对策研究[J].运动,2010(8):150-151.

③　阳红林,甄娟,刘志敏.农民健身工程实施后全民健身运动的发展——以河南省为个案[J].中国成人教育,2012(4):105-107.

④　叶明.湖北省"农民体育健身工程"实施效果研究[D].武汉:武汉体育学院,2012.

（3）扩编社会体育指导员，重视培训体育骨干；

（4）关注农村地区民生，发展特色体育项目。

林俊等人（2008）对福建省 9 个市的农民体育健身工程的现状进行了深入调查研究，提出了实施好农民体育健身工程的应对策略："（1）要健全福建省农民体育健身工程实效机制；（2）建立福建省农民体育健身工程长效机制。"[①]

于洋等人（2010）对黑龙江省农民健身工程的实施现状进行了调查，并提出了相应的对策："拓宽资金来源；加强管理，立足基层，以点带面；增强农民群众的健身意识；积极开展各级别体育竞赛，大力发展农村体育人口；加强体育设施的保护工作；建立健全相关政策法规；建立和完善农村健身服务体系。"[②]

关博等人（2010）论述了农民体育健身工程的建设现状和存在的问题，并提出了"健身工程发展措施：强化农民健身意识、工程建设经费多元化、建立工程后期维护与保养制度、改善农村体育社会指导员状况、开发具有传统地方特色的体育项目等"[③]。

吴姜月等人（2011）对江苏省农民健身工程运行机制进行了探讨，提出江苏省实施农民体育健身工程运行机制要具有的基本思路："（1）完善农村体育设施建设；（2）加强宣传，提高健身意识；（3）拓宽资金筹措渠道；（4）培养体育社团，开发传统体育；（5）强化政府的组织管理；（6）配套系统化服务。"[④]

叶颖超等人（2012）对农民体育健身工程的研究进行归纳总结，指出"农民体育健身工程是广大农民受益的工程。农民体育健身工程要发挥更大效能，就要结合新的历史条件下农民体育需求深入研究，继续加强政府的公共体育服务职能，从整体把握主客观影响因素，这些是农民体育建设工程在今后发展中要解决的重点问题"[⑤]。

[①]　林俊，陈晶.农民健身工程建设与发展策略[J].贵州教育学院学报（自然科学），2008,19(9):65-67.

[②]　于洋，李淑红.黑龙江省农民健身工程实施现状与对策研究[J].哈尔滨体育学院学报,2010,28(3):65-67.

[③]　关博，董新秋.影响我国农民体育健身工程实施效果若干因素的研究[J].体育与科学,2010,31(1):61-63.

[④]　吴姜月，宋巨华，宋毅林，蒋牧.江苏省农民健身工程运行机制的研究[J].山西师大体育学院学报,2011,26(6):28-30.

[⑤]　叶颖超，赵宝椿.农民体育健身工程实施效果的研究综述[J].南京体育学院学报（自然科学版）,2012,11(3):155-157.

可见,学者们通过研究,普遍认为农民体育健身工程实施效果的保障策略主要集中在"加大资金的投入、夯实体育健身运动基础设施、加强体育人才培养、建立健全相关法规"等方面。

1.4.2.4　小结

综上所述,国内的学者们把农民体育健身工程研究发展推到了一个新的阶段,对农民体育健身工程的研究已经成为全社会的热点。

从内容上看,主要集中在农民体育健身工程实施效果的整体状况、农民体育健身工程实施效果的影响因素、农民体育健身工程实施效果的保障策略等三个方面。

从地域上看,目前研究者对农民体育健身工程的研究主要集中在东部中部经济比较好的地区,对经济欠发达地区的研究大多散见于一些学术论文的内容之中,一般就是几句话或一段话。

从目前收集的资料来看,尚未发现环鄱阳湖生态经济区农民体育健身工程的相关研究。显然,关于环鄱阳湖生态经济区农民体育健身工程的问题,本书有必要深入调查研究,发现存在的问题并提出相应的建议,为环鄱阳湖生态经济区农村体育的发展提供参考。

第2章　研究对象和研究方法

2.1　研 究 对 象

本书以环鄱阳湖生态经济区"农民体育健身工程"实施效果为研究对象，并以处于环鄱阳湖生态经济区核心区的南昌市为案例进行了研究。

2.2　研 究 方 法

2.2.1　文献资料法

笔者通过查阅 CNKI、万方、维普、龙源中国期刊全文数据库等有关农民体育健身工程的相关文献资料，与农民体育健身工程实施效果有关的有 37篇；与环鄱阳湖生态经济区农民体育健身工程的有关文献处于空白，并通过网络查阅了 20 余篇与之有关的宣传报道和政府文件资料，从而对农民体育健身工程和环鄱阳湖生态经济区农村体育有了一个全面的了解，为全书撰写提供了理论依据。根据研究所涉及的内容，查阅近几年来在国内有一定知名度及影响的学术期刊和专著上相关的文献和案例，并在此基础上对收集的资料和已有资料进行分析、归纳，为本书写作提供了基本的资料和理论依据。

2.2.2　问卷调查法

2.2.2.1　问卷设计及问卷内容

书中选取的调查问卷，主要参考了相关的研究农民体育健身工程方面论文的调查问卷，并在对农民体育健身工程初步了解情况的基础上，得到指导导师和有关专家的指导与建议,对与环鄱阳湖生态经济区农民体育健身工程相关的管理者和农民进行问卷调查,结合专业理论及本书的研究方向设计。

(1)问卷设计的原则。

一是系统性原则。"农民体育健身工程"是一项系统工程,不但包括体育场地、基础设施等硬件建设,更包括体育项目的开展、体育活动的组织等软件建设,因为在问卷设计中不仅要考虑当前,解决当前的现实问题,还要具有预见性。

二是实用性原则。农民体育健身工程的指标体系必须着眼于实践,使理论与实践能力密切结合,能够直接对体育健身工程实施起到评价与指导作用,帮助环鄱阳湖生态区的农民体育健身工程不断完善,所选的指标做到简单、实用,操作性强。

三是关联性原则。指标体系中的每个指标不是孤立的,而是彼此互相联系、相互作用的,能够有效地反映出某地区的农民体育健身工程开展的情况。

四是导向性原则。"农民体育健身工程"评价体系构建的目标,就是增强对该项工程的指导能力,因此在构建过程中指标要拥有前瞻性,能够直接作用于农民体育运动,对其提高工程实施的效果有促进作用。

(2)调查问卷内容的设计。

本调查问卷共分为两个,一是"环鄱阳湖生态经济区农民体育健身工程实施现状调查问卷"(管理者)(以下简称问卷1),二是"环鄱阳湖生态经济区农民体育健身工程对农民体育影响调查问卷"(农民)(以下简称问卷2)。

问卷1的主要调查对象是针对县、乡镇、村三级相关部门负责人对农民健身工程实施情况方面的调查。调查对象主要是环鄱阳湖生态经济区各区县体育群体科主任、乡镇文体服务中心(站)的负责人以及村委会的相关领导,由于他们是农民体育健身工程具体实施的操作者和执行者,因此,问卷主要针对运行机制六大内涵系统的相关内容以及农民体育健身工程实施现状进行调查,通过反映出来的问题有针对性地构建农民体育健身工程运行机制,力求运行机制切实做到为农民体育健身工程服务。

问卷2针对环鄱阳湖生态经济区的部分农民进行调查,主要是对农民体育健身工程实施现状进行调查,由于运行机制最终目的是促进农村体育活动的开展,进而促进农民体质健康水平的提高,因此,在实施过程中对体育健身活动的认识、活动宣传引导、活动内容与组织方式、健身信息提供、健身指导以

及对开展体育健身活动的需要等现状问题,农民最有发言权,农民群众反映的
结果具有真实性,可为运行机制的构建提供最可靠、最重要的依据。

2.2.2.2　问卷的调查对象及抽样方法

调查对象:

本研究选取鄱阳湖东面的永修县、新建县,南面的进贤县、余干县,西面的
鄱阳县、浮梁县,北面的都昌县和星子县作为调查区域,以工程所在区县
(镇/乡)的负责人和农民群众为调查对象。首先在 8 个调查区域的每个区域
抽取 4 个行政村,然后再对每个行政村的村民进行抽样,抽取 15 名村民作为
调查对象。同时在鄱阳湖生态经济区其他地区 2006 年至 2012 年工程建成的
行政村中每年抽取 2 个行政村,每个行政村也抽取 15 名村民进行调查。

问卷取样:

问卷 1 的取样方法:选取环鄱阳湖生态经济区实施了农民体育健身工程
的各县、乡镇和行政村负责人 52 人,其中市体育局共 2 人,县(镇)文体局共
14 人,村干部及村文体活动的负责人共 36 人,采取当面访谈和问卷填写
方式。

问卷 2 的取样方法:根据鄱阳湖的地理位置和工程实施的时间,共计调查
729 名农民。具体采用以下两种方法:

一是根据鄱阳湖的地理位置抽样,选取鄱阳湖东面的永修县、新建县,南
面的进贤县、余干县,西面的鄱阳县、浮梁县,北面的都昌县、星子县和湖口县
作为调查区域,每个区域抽取 4 个行政村共计 36 个(见表 2.1),按照每村 15
人左右进行问卷发放与回收,发放问卷 536 份。

表 2.1　9 个调查区域调查行政村统计表

调查区域	调查行政村			
永修县	艾城镇青山村	马口镇长溪村	江上乡乐平村	立新乡南岸村
新建县	长埠镇长埠村	西山镇西山村	生米镇南星村	象山镇立新村 南田万家
进贤县	梅庄镇富华村	三里乡新和村	罗溪镇塔岗村	长山乡墩上村
余干县	玉亭镇南关村	古埠镇五福村	瑞洪镇后山村	洪家嘴乡中山村
鄱阳县	珠湖乡荣七村	银宝湖乡大山村	白沙洲乡内青村	三庙前乡万安村

调查区域	调查行政村			
浮梁县	浮梁镇查大村	兴田乡锦里村	蛟潭镇勤坑村	陶瓷工业园浮梁园程村
都昌县	蔡岭镇虎山村	和合乡双峰村	和合乡青龙村	苏山乡雷山村
星子县	白鹿镇秀峰村	温泉镇板桥山	华林镇华林村	南康镇大塘村

二是按工程建成时间抽样,2006 年至 2012 年建成的行政村中每年抽取 2 个行政村共计 14 个(见表 2.2),每村也按 15 人进行问卷发放,发收问卷 203 份。

表 2.2　2006—2012 年调查行政村统计表

调查年份	调查行政村	
2006	吉安市新干县城上乡城上村	九江市德安县河东乡石桥村
2007	抚州市东乡县孝岗镇长林村	南昌市安义县东阳镇东阳村
2008	宜春市高安市华林山东溪村	庐山区新港镇新港村
2009	新余市渝水区水北镇泉塘村委	鹰潭市余江县平定乡洪万村
2010	鹰潭市贵溪市周坊乡长塘村	宜春市丰城市荷湖乡八一村
2011	上饶市万年县湖云乡湖云村	德镇市乐平市后港镇华家村
2012	宜春市樟树市观上镇巷里村	抚州市临川区七里岗乡万新村

调查人员的选取与培训:

首先根据江西省体育局网站公布的 2006 年至 2012 年历年建成农民体育建设工程统计资料,按照以上两种方法抽取 46 个行政村。然后在东华理工大学 2011 级、2012 级和 2013 级学生中选取家居住在附近的学生共计 73 人,进行问卷调查技巧的培训。利用学生寒暑假回家的时间,共发放问卷 729 份。

2.2.2.3　问卷效度与信度检验

问卷设计完成后,为保证调查问卷的客观真实性、有效性,采用专家评判法对问卷的内容效度和结构效度进行检验,方法如下:问卷初稿经征询专家意见和反复修改之后,请 22 位专家对问卷进行了效度检验,其中教授 18 人,副教授 4 人。检验结果显示,22 位专家都对设计的 2 种问卷予以肯定,总体上给予了较高的评价。

其中,认为管理者问卷内容、结构设计"非常合理"的有 15 位专家,占

68.2％；"比较合理"的有 6 位,占 27.3％；"一般"的有 1 位,占 4.5％(见表 2.3),表明问卷有较高的效度。农民问卷有 12 位专家认为非常合理,占 54.5％；8 位认为比较合理,占 36.4％；2 位认为一般,占 9.1％(见表 2.4),表明问卷有较高的效度。

表 2.3　管理者问卷效度检验情况

问卷类型	非常合理	比较合理	一般	不合理	非常不合理
管理者问卷	15	6	1	0	0

表 2.4　农民问卷效度评价结果

问卷类型	非常合理	比较合理	一般	不合理	非常不合理
选择人数	12	8	2	0	0

2.2.2.4　问卷的信度检验

本书的信度检验采用重复检验法。时隔 2 周后,将同一份问卷进行再次发放,看 2 次问卷的相关系数(见表 2.5)。管理者问卷相关系数 $R_1 = 0.836$,农民问卷相关系数 $R_2 = 0.814$,表明此次问卷调查结果的可信度且符合相关标准。

表 2.5　问卷重测信度检验表

问卷类型	重测数(份)	两次测量间隔时间(天)	相关系数
管理者问卷(R_1)	21	13	0.836
农民问卷(R_2)	53	14	0.814

2.2.2.5　问卷发放及回收情况

问卷发放分 2 次进行。2013 年 1 月 7 日至 2013 年 2 月 9 日和 2013 年 7 月 8 日至 2013 年 8 月 30 日,针对不同的调查对象,分别发放不同的问卷。

为了提高问卷的回收率,对问卷采取现场发放、现场回收的方式,其中问卷 1 发放 52 份,回收 52 份,回收率 100％,有效问卷 51 份；问卷 2 发放 729 份,回收 711 份,回收率 97.5％,有效问卷 684 份。见表 2.6。

表 2.6　问卷发放及回收情况

问卷类型	发放问卷（份）	回收问卷（份）	有效问卷（份）	回收率（%）	有效率（%）
问卷 1	52	52	51	100%	98.1%
问卷 2	729	711	684	97.5%	93.8%

2.2.2.6　调查对象的情况

调查对象的情况见表 2.7。

表 2.7　被调查农民基本情况

变量	变量含义	人数	比例（%）
性别	男	348	50.9%
	女	336	49.2%
年龄	18 周岁以下	96	13.9%
	18～30 岁	135	19.7%
	31～40 岁	146	21.4%
	41～50 岁	124	18.2%
	51～60 岁	137	20.1%
	61 岁以上	46	6.7%
学历	大专以上	56	8.2%
	高中或中专	98	14.4%
	初中	347	50.7%
	小学	143	20.9%
	未上学	40	5.8%
家庭人数	3 人以下	87	12.7%
	3 人	177	25.9%
	4 人	243	35.6%
	5 人	105	15.4%
	5 人以上	72	10.5%
家庭收入	10000 元以下	41	6.0%
	10001～20000 元	199	29.1%
	20001～30000 元	260	38.1%
	30001～40000 元	111	16.2%
	40000 元以上	73	10.6%

2.2.3　专家访谈法

对课题的构思、问卷的设计等面访江西省体育局群体处有关领导、部分农民健身工程负责人、基层人员、农民、专家和学者。充分听取他们的意见,访谈从不同方面、不同角度进行了解,这些访谈将为本次研究提供可靠的依据。

利用编制出的访谈提纲,对江西省体育局群体处和环鄱阳湖生态经济区部分县市的政府体育部门进行走访,了解各地"农民健身工程"和农村体育的基本情况,为研究农民体育健身工程实施效果获得大量的第一手资料。

2.2.4　实地考察法

本研究在 2013 年暑假(7 月 8 日至 8 月 29 日)对环鄱阳湖生态经济区部分县市进行实地考察,考察农民体育健身工程的实施情况,了解农民体育健身工程的实施成果、存在问题、群众看法等,以便充分了解其中存在的问题,为提出有针对性的对策打下基础。

深入鄱阳县、永修县、彭泽县及南昌县、余干县、进贤县、都昌县等周边农村地区进行实地考察。与当地农民交流有关农民体育健身工程整体服务的感受和需求。

2.2.5　案例分析法

本书以环鄱阳湖生态经济区农民体育健身工程实施较好的南昌市为案例,深入剖析,总结经验。

2.2.6　数理统计法

本调查有效问卷利用 SPSS19.0 软件进行统计学分析处理,利用 EX-CEL2007 对相关结果进行数据输出。

第3章 结果与分析

3.1 环鄱阳湖生态经济区农民体育健身工程实施现状调查

3.1.1 农民对健身工程的认知和态度

3.1.1.1 环鄱阳湖生态经济区农民对"农民体育健身工程"的了解程度分析

农民知识水平相对较低，大力宣传是必要的。一方面可以增强农民健身的意识，"身体是革命的本钱"，只有身体健康，才有能力为家庭创造财富，让家人生活得幸福和谐；另一方面，为农民体育健身工程的实施创造舆论氛围，希望在修建农民体育健身工程时得到农民在土地、人力以及后期少许资金的支持。

环鄱阳湖生态经济区成立于 2009 年 12 月，同年，《全民健身条例》出台，环鄱阳湖生态经济区借着这次机会加大宣传力度。在农民容易接触到的电视、广播和报纸上进行频繁报道和介绍，同时也在网络上造势，让农民体育健身宣传更加广泛。因为"农民体育健身工程"本着行政村和乡镇自愿申请，相关政府部门审批的原则，所以若是农民不了解这个工程就不会支持基层政府动用公共土地修建这个项目。以前是政府主管部门劝说基层行政村和乡镇申请修建农民体育健身设施，后来变成行政村和乡镇自己主动申请，贴钱贴力建设农民体育锻炼的场地设施。特别是一些经济条件比较好的地方，农民生活富裕了，更加关注自己的身体健康。

通过"农民对'农民体育健身工程'的了解情况"调查结果，可以看出"农民体育健身工程"已成为一项为大多数农民知晓的项目。环鄱阳湖生态经济区的农民对"农民体育健身工程"的了解程度已不断提高,"非常了解、了解、一般"等 3 个选项的人数占到全体样本的 68.9%(见表 3.1),说明农民体育健身运动在鄱阳湖生态经济区开展多年,农民体育健身工程已走入普通农民的生活之中,同时也可以看出鄱阳湖生态经济区对于农民体育健身工程的宣传工作也较为到位,越来越多的农民知晓此项工程。仅有 12.0% 的被调查者选择了"非常不了解",同时仍有 19.1% 的被调查者处于"不太了解"的状态(见表 3.1),说明该项活动开展的潜力较为巨大。在一些远离市中心的广大农村,受经济、社会发展条件的影响,农民体育健身工程的覆盖面还有待于进一步扩大。

表 3.1　被调查农民对"农民体育健身工程"了解情况($N = 684$)

选择项	非常了解	了解	一般	不太了解	非常不了解
人数	56	126	289	131	82
比例(%)	8.2	18.4	42.3	19.1	12.0

3.1.1.2　环鄱阳湖生态经济区农民对"农民体育健身工程"价值的认识

认识是"主体收集客体知识的主动行为,是认识意识的表现形式。主体是有生命的物体,是行为的主导者和实行者;生物主体具有行为的需要和行为的能力,行为是生物主体的日常生活方式"[1]。毛泽东在他写的《人的正确思想是从哪里来的?》中提到"一个正确的认识,往往需要经过由物质到精神,由精神到物质,即由实践到认识,由认识到实践这样多次的反复,才能够完成"[2]。农民对"农民体育健身工程"价值的认识,也来源于"农民体育建设工程"给他们日常生活方式带来的变化。

针对农民对"农民体育健身工程"价值认知的这项调查,为了调查结果更加合理,设计了多项选择,从农民的选择结果可以看出,当前鄱阳湖生态经济区的农民对"农民体育健身工程"的价值认知不断提高,同时农民对体育健身工程的认识也是多种多样的。

排在第一位的选项是"农民体育健身工程可以增强体魄",选择此项的农

---

[1]　http://baike.baidu.com/view/471168.htm.

[2]　毛泽东.毛泽东文集(第八卷)[M].北京:人民出版社,1999:321.

民占调查总数的78.9％(见表3.2),农民深知健康的重要,随处可见一个家庭因病返贫的例子,经济相对薄弱的农村家庭更是负担不起。排在第二的是"农民体育健身工程可以作为一项休闲项目",选择的农民达到72.3％(见表3.2)。由前两项选择可见,广大农民对该项工程拥有一个良好、正确的认知。与此同时,也要看到仍然有15.2％的农民对农民体育健身工程仍处于"非常不了解"的境地,项目的宣传与覆盖面还有待于进一步提高。在访谈中,当问到农民"您能说一说什么是农民体育健身工程吗?"时,仍有部分农民认为"体育健身工程就是锻炼身体",而至于具体有什么项目则不清楚。

表3.2　农民对"农民体育健身工程"的价值认知调查($N=684$)

选项	选择人数	中选率(％)	序次
农民体育健身工程可以增强体魄	540	78.9	1
农民体育健身工程可以增强农民间的交际	456	66.6	3
农民体育健身工程可以作为一项休闲项目	495	72.3	2
没有多大价值	126	18.4	4
其他	104	15.2	5

通过进一步的访谈得知,不同年龄阶段的人,对健身工程的价值认识角度不同。31岁以上到40岁的人群认识到健身工程可以增强农民间的交际,51岁以上的人群更多认同健身工程可以增强体魄,30岁以下的人群大部分更看重健身工程的休闲功能。人到了不同年龄,对待自己身体的态度是在慢慢变化的,年纪越大的人,越关注身体健康。现在农村的经济条件好了,农民物质生活基础不断提高,使得他们长寿的欲望更加强烈。

3.1.1.3　环鄱阳湖生态经济区农民对"农民体育健身工程"的满意度

菲利普·科特勒认为"满意是一种心理状态,是人的需求被满足后的愉悦感,是人对产品或服务的事前期望与实际使用产品或服务后所得到实际感受的相对关系"[①]。如果这种心理状态转换成数字来衡量,这个数字就称它为满意度。换成对政府工作评价,群众对政府某项工作的满意度是衡量的最好标尺。考察某项工作的成效,最行之有效的就是看人民群众的满意程度。

---

① (美)菲利普.科特勒,(美)凯文·莱恩·凯勒.营销管理[M].王永贵等译.上海:格致出版社,2009:875.

　　通过对农民满意程度的调查,可以找到当前鄱阳湖生态经济区农民体育健身工程中存在的不足之处,并加以及时改进。为了更好地对鄱阳湖农民体育健身工程进行了解,对此项调查采用单项选择的方式,对农民的满意度进行实地深入的调查。

　　从农民对"农民体育健身工程"的满意度调查表可以看出,选择"满意和比较满意"的样本数达到 49.3%,持否定态度的人数占 17.2%,其余 33.5% 的被调查者选择了"一般"(见表 3.3)。

表 3.3　农民对"农民体育健身工程"的满意度调查表($N = 684$)

选择项	满意	比较满意	一般	不满意	非常不满意
人数	165	172	229	89	29
比例(%)	24.1	25.2	33.5	13.0	4.2

　　另外,可以看出,接近半数的农民对体育健身工程表示"肯定",但是仍有一些农民对体育健身工程表示"不关心"和"否定"的态度。在深入实地调查中发现,主要是由于在现实中开展的体育健身项目与农民的自身需求还有一定的差距,包括体育设施不健全、活动组织不到位等原因,影响了农民的评价。

　　根据问卷调查统计发现,高中以上学历的 154 人中,仅仅只有 7 人对健身工程"不满意",4 人对健身工程"非常不满意"(见表 3.7)。从总体上来说,大专以上和高中(或中专)教育程度居民的满意度水平要好于中学与小学教育程度居民,中学和小学教育程度居民的否定评价比例要明显高于大专以上和高中(或中专)教育程度居民,一定程度上说明了对健身工程的了解水平随教育程度的提高而提高的特点。

　　通过访谈九江市都昌县文体局体育科科长与上饶市鄱阳县文体局体育科科长,他们一致认为:当前环鄱阳湖生态经济区的农民体育健身工程在开发过程中,面临的最大问题就是农民的体育健身意识不够,部分农民仍旧认为"农民就是要种地、打工挣钱",体育健身是"城里人"的事情。

　　在对青山湖区体育局社会体育科科长的访谈中,他反映了不一样的情况,在农民体育健身工程实施后,村民健身意识很强,反而觉得健身工程的体育设施太少,希望增加健身路径里面的健身器材。青山湖区地处南昌市城乡接合部,农民土地基本上被征,政府给他们办了失地农民社保医保,帮他们解除了生活的经济压力,家庭经济状况与都昌县和鄱阳县相比要好很多,这样的经济反差对农民体育健身的影响很大。

3.1.2　健身工程经费投入情况

3.1.2.1　农民体育健身工程建设的资金来源

农民体育健身工程由国家和地方共同投资建设。"二战"后,从1964年东京奥运会之后,日本政府专门出台全民健身法律,开始了全民体育振兴计划,注重社会体育的环境设施建设,将其放在首要位置,政府对其投入大量资金,按照严格的法律规定执行,修建了大量的全民健身的体育场地设施[①]。对于环鄱阳湖生态经济区来说,农民体育健身工程的投资主体主是以政府投资为主体,以社会公益投资为补充的投资模式。

首先,在各级政府的体育行政管理部门,设置有专项的资金,用于农民体育健身工程的投入。一般是上级政府出钱建设,基层政府(乡镇和行政村)管后期维护。如2013年,为满足广大人民群众的体育健身需求,促进全民健身活动的深入开展,省财政厅下达中央基建投资预算1200万元,专项用于鄱阳湖生态经济区吉安市的新干县、九江市湖口县和景德镇市的浮梁县公共体育设施建设,要求从中拿出部分资金支持农村体育公共体育设施建设。[②] 环鄱阳湖生态区各级政府的专项建设资金,是农民体育健身工程建设资金的主要来源。这些资金改善了鄱阳湖生态经济区农村基层体育公共场地设施条件,更好地为广大群众提供强身健体、休闲的场所,对推进区域农村体育事业的发展意义重大。

其次,由体育彩票公益金用于建设和安装其他部分体育配套设施,仅2011年国家级体育彩票公益金资助江西省农民体育健身工程2000万元[③],江西省本级体育彩票公益金在全民体育健身和农民健身工程上的投入就达到了1260.5万元[④],其中具体资助到农民体育健身工程有1200万元[⑤]。国家和地

---

① 来德淳.日本政府推进社会体育振兴政策对我国开展全民健身运动的启示[J].沈阳体育学院学报,2000,19(2):14-17.

② 省财政下达2013年公共体育设施建设中央基建投资专项资金[EB/OL].http://www.jxf.gov.cn/JxfShowViews_pid_2c90970340b84fa00140c7dd6ce70138.shtml.

③ 江西省2011年体育彩票公益金使用情况公告[EB/OL]http://www.360doc.com/content/14/0219/00/14514811_353687401.shtml(大江网).

④ 同上。

⑤ 同上。

方政府在农民体育健身工程的投入仍在不断加大,2012 年国家在实施行政村农民体育健身工程上投入 51040 万元[①],实施乡镇体育健身工程上投入 3290 万元[②]。2012 年江西省建设乡镇农民体育健身工程 159 个,行政村农民体育健身工程 1389 个,体育彩票投入增加到 1900 万元[③]。

此外,还有社会资金的资助,特别是企业的捐赠。部分企业诸如:江西赛维集团、新余钢铁集团、洪都航空工业集团、江铃汽车股份有限公司等大型公司相继赞助过环鄱阳湖生态经济区的农民体育健身工程。

3.1.2.2　农民体育健身工程的资金安排情况

国家和省级投入采用先建后补的方式,即乡镇根据规定标准先行投入建设,工程完工经省体育局验收合格后,给予补助。提倡经济条件较好、人口较多的乡镇在尊重居民意愿的前提下,增加面积、器材及设备,提升建设档次,形成多功能体育文化广场和体育公园。资金补助标准为:"行政村农民体育健身工程每个项目由国家和省级共扶持 1.7 万元,其中 1 万元器材(包括 1 副室外独臂地埋式篮球架和 2 张室外乒乓球台),0.7 万元补助场地建设;乡镇农民体育健身工程每个项目由国家和省级共扶持 10 万元,其中 5 万元器材(包括 15 件健身器材、4 张室外乒乓球台、1 副移动钢化玻璃篮球架),5 万元补助灯光和场地建设。"

环鄱阳湖生态经济区的农民体育运动开展过程中,由各市来对资金进行统一的调度。如 2012 年环鄱阳湖生态经济区所辖的南昌、景德镇、鹰潭、九江、新余、抚州、宜春、上饶、吉安市等城市共获得上级专项资金 5829 万元。根据国家和江西省要求,将资金下发到各地级市,由市级政府支配。随着各个地方经济能力的增强和本地农民对体育健身锻炼的需求,各级政府都非常重视对农民体育健身的投入。

---

① 体育总局 2012 年度本级体彩公益金情况公告[EB/OL] http://www.lottery.gov.cn/news/11009924.shtml(国家体育总局网站).

② 同上。

③ 2012 江西省体育年鉴[M].江西省体育局,2012:358.

3.1.3　健身工程场地设施建设情况

3.1.3.1　农民体育健身工程的选址情况

笔者对农民体育健身工程选址的调查结果进行统计得出,当前在南昌、景德镇、鹰潭、九江、新余、抚州、宜春、上饶、吉安市等环鄱阳湖生态经济区的农民体育健身工程选址与布局中,选择村委大院为项目建设用地的为27.5%,利用村空闲地的为31.3%,利用村企业的为15.7%,利用附近中小学的为21.6%,其他选址为3.9%(见表3.4)。可以看出,当前在江西省土地较为紧缺的情况下,环鄱阳湖生态经济区的农民体育健身工程的选址总体上来看,还是较为科学、合理的。农民体育健身工程大多安排在农村的空闲地,以及人员较为聚集的村委大院、村内的学校、企业等地;同时,环鄱阳湖生态经济区的农民体育健身运动在布局选址过程中,能够在考虑用地功能的情况下避免群众参加体育对中小学学习生活的影响,充分利用农村空闲用地,选址较为符合农村的实际,起到了较好的效果。

表 3.4　环鄱阳湖生态经济区农民体育健身工程选址情况($N=51$)

选择项	村委大院	村空闲地	村企业	附近中小学	其他
人数	14	16	8	11	2
比例(%)	27.5	31.3	15.7	21.6	3.9

在访谈中,彭泽县文体局副局长认为:近年来,随着城镇化进程的不断加快,加上国家准备在彭泽上马核电项目,对于地处鄱阳湖生态经济区中心的彭泽来说,尤其是一些离城市比较近的农村,可谓"寸土寸金",这些都为农民体育健身工程项目的建设带来了一定的难度。但是,在这种情况下,省、市、区(县)三级体育局高度重视,通过体育局的协调与督导,为乡镇下达相应的健身工程的责任目标。从健身工程项目实施的整体上来看,建设效果还是较为突出的,基本上每个村都能够从自身的空闲土地中划出一部分,建设农民体育健身工程项目。在对农民进行访谈的过程中,一些农民认为当前村里的地都在大规模地建房子,搞新农村建设,根本拿不出多余的土地进行体育场地的建设。

3.1.3.2　农民体育健身工程场地设施配备情况

"农民体育健身工程"建设的体育场地和锻炼器材是农民体育锻炼的必备

工具,有了锻炼的基本场地设施,才能推动农民体育健身活动开展起来。农民体育健身工程分行政村农民体育健身工程和乡镇农民体育健身工程。

行政村农民体育健身工程的建设标准为"1 块混凝土篮球场并配备 1 副室外标准篮球架、2 张室外乒乓球台。篮球场四周,要求各向外开辟不少于 5 米的平整空地,便于群众观看比赛和开展健身操(舞)等其他体育活动"。

乡镇农民体育健身工程的建设标准为"1 块带看台的水磨石灯光篮球场,1 块放置 4 张乒乓球台的活动场地,1 块放置 15 件健身器材的活动场地,1 块门球场或羽毛球场或网球场,以及必备的灯光、篮球架、乒乓球台、路径器材等器材设施"。

自 2006 年国家倡导农民体育健身运动以来,在国家、江西省等各级政府的支持下,环鄱阳湖生态经济区的农民体育健身工程器材得到了有效的扩充。

当前在环鄱阳湖经济区的南昌市、景德镇市、鹰潭市、九江市、新余市、抚州市、宜春市、上饶市、吉安市等 9 个地级市中,目前农民体育健身工程的建成率已达到了 43.3%。其中,南昌市的建成比例最高,为 80.0%,抚州市的农民体育健身工程的建成率最低,为 16.2%。其他分别为:景德镇市 42.3%、鹰潭市 29.6%、九江市 75.7%、新余市 33.3%、宜春市 50.7%、上饶市 21.2%、吉安市 29.3%(见表 3.5)。

表 3.5　截至 2013 年环鄱阳湖生态经济区行政村农民体育健身工程建设情况

环鄱阳湖生态经济区的地级市	行政村数量	农民体育健身工程	
		已建数量	已建比例(%)
南昌市	1141	913	80.0
景德镇市	286	121	42.3
鹰潭市	351	104	29.6
九江市	1023	774	75.7
新余市	267	89	33.3
抚州市	907	147	16.2
宜春市	1247	632	50.7
上饶市	1678	356	21.2
吉安市	1061	311	29.3
合计	7961	3447	43.3

据资料统计:http://www.jxsport.gov.cn/(江西省体育局网);http://www.jiangxi.gov.cn/(江西省政府网站)。

　　江西计划到 2015 年行政村有农民体育健身工程数量达到 50％[①],从统计可见,南昌市、九江市和宜春市已经提前完成了预定计划,这个跟各市在江西省的经济能力排名大致一致,南昌市经济占了江西省经济收入的 1/4,列居江西省第一,九江市能排在第三。宜春市经济能力不如上饶市,可是农民体育健身工程的占有率比上饶市高很多。宜春市 2004 年成功举办的第五届农民运动会对当地农民体育健身设施建设有了很大促进,对当地农民的体育健身意识也有了很大触动,这也反映在宜春市申报农民体育健身工程的积极性比别的地市级高得多。说明一次成功的大型赛事,对举办地的体育硬件设施以及人的健身意识的影响是一些媒体宣传无法达到的。

　　目前,已向环鄱阳湖经济区附近的其他县市影响和辐射、扩展速度相对较快、开展情况非常乐观,在农村体育建设覆盖面中逐渐占有一定的比例。大量健身器材的投入使用,篮球场、乒乓球场等体育设施不断完善,为农民体育健身运动的开展提供了有力的保障。从总体上看,目前环鄱阳湖生态经济区农民体育健身工程建设完成的数量非常乐观,离 2015 年 50％覆盖率差距不大。但是从局部看,环鄱阳湖生态经济区的 9 个地级市中,农民体育健身工程建设的发展情况并不平衡,造成整体农民体育健身工程实施现状呈现出不均等的发展局面。

3.1.4　健身工程场地设施使用与维护情况

　　对于环鄱阳湖生态经济区农民体育健身工程来说,场地设施的使用率和维护率是工程项目开展的重要因素,如果场地和设备安装后,长时间处于"无人问津"状况,则也不能够很好地发挥体育健身工程的作用。笔者通过调查发现,由于经济条件的限制,环鄱阳湖生态经济区农民体育健身工程场地设施的使用和维护过程中,仍然存在许多问题,由于财力、人力、物力等方面的短缺,一些场地和设施安装后,仍然存在无人使用或无人问津的状况,这对整个工程的开展带来了不利的影响。

　　当前环鄱阳湖生态经济区的农民经常使用健身场地和设施的仅占全体农民的 8.0％,比较经常使用的占 20.4％,"一般"的占 36.1％,不经常使用的占

---

　　① 　江西省体育局.关于实施江西省"十二五"农民体育健身工程的通知[Z].2011.10:21.

24.3%,很少使用的占 11.2%(见表 3.6)。

表 3.6 农民对"农民体育健身工程"的使用情况调查表($N=684$)

选择项	经常使用	比较经常使用	一般	不经常使用	很少使用
人数	55	139	247	166	77
比例(%)	8.0	20.4	36.1	24.3	11.2

与农民体育健身设施的使用率低相比,农民健身场地及器材的养护也成为当前鄱阳湖生态经济区面临的重要问题,目前鄱阳湖经济区的一些体育场地设施都没有配备专门的管理员,已经投入使用的农民体育健身工程在场地、器材方面都出现不同程度的损坏。虽然当前随着农民体育健身运动的开展,鄱阳湖生态经济区的各地都不断加快工程建设,但是一些配套健身器材由于使用不当、使用频次高等原因,损坏相对严重。

在笔者调查中发现,农民体育健身设施损坏严重,主要是由于一些健身路径大多建设在土质场地上,加固程度明显不足,使得农民的健身器材使用寿命明显降低。尤其在抚州市、宜春市、上饶市、吉安市等偏远农村,一些农民运动健身的场所既是运动场,又是农民的晒谷场。当前,由于农村大量人员外出打工,在家的农民也经常忙于农活,本来锻炼的时间就较少,因而场地设施无法被使用,在一定程度上也影响了农民的身体锻炼。

对农民体育健身工程场地和器材的养护也进行了相应的调查。从图 3.1可以看出,在鄱阳湖生态经济区的农民体育健身设施中,43.1%的体育设施场地是由村委会承担的,7.8%由村民来承担维护,另外还有 37.3%的村的体育场地和设施处于"无人维护"的状况。农村的村委会作为场地和设施的维护主体,这本没有非议,但是由于广大农村的经费收入来源比较欠缺,农民体育健身工程的项目资金是由国家、省、市等投资的逐级下放,到农村后维护的资金所剩无几。同时从鄱阳湖经济区来看,尚有许多农村没有设置体育健身的专门场地与设备。当前省、市、县三级都将拓展农民体育健身的覆盖面作为自己的重点,对于已建成的农村体育设施维护则放在第二位,这就在一定程度上影响和阻碍了农民健身运动的开展。

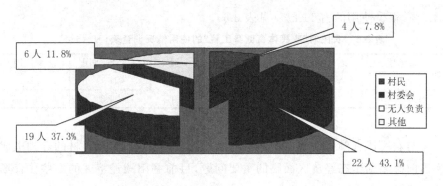

图 3.1　鄱阳湖生态经济区农民体育健身工程场地设施维护情况

（管理者问卷）（$N=51$）

3.1.5　影响健身工程实施的主要因素分析

鄱阳湖生态经济区包括了南昌市、景德镇市、鹰潭市、九江市、新余市、抚州市的部分城市，共 38 个县（市、区）和鄱阳湖全部湖体在内，面积为 5.12 万平方公里[①]。鄱阳湖生态经济区的面积约为江西省全部面积的 30%，人口为江西省的 50%。[②] 可以说，鄱阳湖生态经济区的农民体育健身工程的开展，对于整个江西省具有一定的代表意义，对周边的省市也具有较强的带动意义。但是当前，鄱阳湖生态经济区的农民体育健身运动实施过程中，仍存在许多的困难问题。

3.1.5.1　行政村和乡镇政府部门重视程度不够

在调查中发现，当前影响环鄱阳湖生态经济区开展农民体育健身工程实施的最为主要问题就是部分基层政府对于农民体育健身工程的不重视，特别是负责健身工程实施的乡镇和行政村。对于基层地方政府来说，受领导干部考核的影响，都将主要精力放在"看得见、摸得到"的新农村基础设施建设上。对于农村体育场地和设施来说，一些地区没有开展建设，有的地区即使建成了相关的场地和设施，对群众性体育项目的组织也不够，设施的养护不到位，影响了农民体育健身运动的可持续发展。

---

①　鄱阳湖生态经济区简介 http://www.jiangxi.gov.cn/（江西省政府网）.

②　鄱阳湖生态经济区简介 http://www.jiangxi.gov.cn/（江西省政府网）.

　　在对 52 份管理者问卷统计中，31.4％的行政村并没有建立起"农民体育健身"的领导小组以及管理机构（见图 3.2），可想工程在这些行政村完工后基本上处于无人监管、无人维护，农民的利用率也非常低，工程建成的场地设施基本上成了摆设。

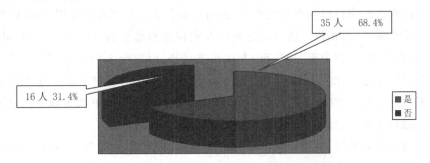

图 3.2　　是否成立"农民体育健身"领导管理机构的情况（管理者问卷）（$N=51$）

　　通过实地走访调查中发现，在村干部中还有相当一部分人对国家《全民健身计划纲要》不知晓、不了解，在他们都不了解的情况下更无法向村民宣传。少数村干部认为，作为农民的首要任务是"种地"或者"外出打工挣钱"，开展农民体育健身运动是一种"可有可无"的事情。在调查中发现，环鄱阳湖经济区的各乡镇、行政村在落实农民体育健身运动方面的相关法律和文件相当缺乏，领导不重视在一定程度上影响了该项工程的开展效果。

3.1.5.2　环鄱阳湖生态经济区农村体育场地设施需要加强

　　从环鄱阳湖生态经济区来看，聚集了全省人口、土地、区位等多方面的优势资源，但该地区除了南昌市和九江市体育运动场地与设施建设地较好外，其他地区在的体育场地与设施建设明显不足，行政村中农民体育健身工程建成率达到 50％的就只有南昌市、九江市、宜春市（见表 3.5）。导致环鄱阳湖生态经济区农民体育场地缺乏大致有两种原因。

　　第一种情况是想建设但经济能力有限。对于农民体育健身工程建设，国家和省级财政采用先建后补的方式。即乡镇根据规定标准先建设，然后省体育局验收合格之后，再给补助。一些偏远贫困地区，乡政府可支配的资金非常有限，财政来源渠道少，同时上级政府又不允许对村民进行摊派，他们在前期根本拿不出预先垫付的资金，因而导致他们申请健身工程项目困难。这些地方自身没有能力建设,由于种种原因又申请不到上级政府的资助,从而导致体育场地更加缺乏。

第二种情况是有经济能力但不想建设。这些地区,可谓"寸土寸金",地方政府都将土地作为财政收入的一部分,结合"城镇化"与"新农村"建设,将土地买卖的收入作为自己的财政增长点,而将土地作为农民体育健身用地的话,则没有那么多的"附加值",所以地方政府在农村体育场地的开辟上,并不积极。例如:在鹰潭市、新余市、抚州市、九江市等城市,财政收入中超过 15%[①]的部分为农村土地出让金的收入,尤其在离城市中心较近的农村集体土地大多由开发商进行购买或"置换",因而鹰潭市、新余市、抚州市、宜春市等城市的农民体育健身工程的建成率均不足 50%[②]。

通过调查发现,虽然按国家体育总局、国家发改委、财政部共同颁布的《农民体育健身工程建设规划》的要求,农民体育健身工程的基本标准是"一块硬化的标准篮球场,并配置一副篮球架和两张室外乒乓球台"。但是在实地调查中发现,在项目实施过程中,仍然有部分村委会擅自调整项目建设规模、设施购置内容等行为。由于相应的场地和设施数量少、质量不高,从而阻碍了农民参与体育锻炼的热情和动机。

3.1.5.3　工程后期维护资金的投入与体育人才不足

当前,环鄱阳湖生态经济区农村体育场地设施后期维护的资金投入与体育人才培养不足,是农民体育健身工程实施后面临的重要问题。

从资金投入和增长来看,虽然近年来总体投资量每年高速度增长,但具体到每个体育村的资金数量并不多。工程项目规定,后期维护是申请健身工程的乡镇和行政村负责,由于乡镇和行政村可用资金来源本身比较少,分配到建成工程设施后期维护资金的可以用"捉襟见肘"来形容。一些地区经济相对落后,地方政府也没有充裕的资金和经费来源,所以农民体育健身工程实施后在工程后期维护上遇到非常严峻的困难,无力对农民体育运动项目进行有效的开展。例如:2012 年鹰潭市财政收入完成 79.3 亿元,但是投入文化体育事业的仅为 4884 万元,且体育投资的 70% 以上是在市辖区、县政府所在地和城关

---

① http://www.jxf.gov.cn/(江西省财政厅网站).
② http://www.jxsport.gov.cn/(江西省体育局网站).

镇,平均分配到每个行政村的资金量少之又少。①

　　同时,开展农民体育健身运动需要综合素质较高的人才。通过问卷调查统计得知,有社会体育指导员的只有 9 个,占整个调查比例只有 17.6%,82.4% 的地方并没有社会体育指导员(见图 3.3)。可见,目前在鄱阳湖生态经济区引导农民进行体育运动的人员特别缺乏,并且整体素质也有待提高,严重缺乏熟悉体育知识、具有开拓精神、办事效率高的体育人员。农村的体育项目,通常情况下由村民自己组织,组织体育项目开展的人员文化素质普遍不高,缺乏既懂得篮球、乒乓球等体育规则、体育训练方法,又能够充分组织农村群众的人才。

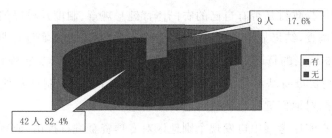

图 3.3　有无社会体育指导员的情况(管理者问卷)($N=51$)

　　在进一步深谈中得知,9 个社会体育指导员中 6 个是体育教师,他们之中的 2 个都没有社会体育指导员证书。其余 3 个人是比较喜欢体育健身活动的村民,是体育活动积极分子,2 个人是自己拿到社会体育指导员证书。其中一个人,村委会委托出钱资助她出去培训拿到证书,村里委托她组织村民进行体育锻炼。后来笔者专门对这三个行政村进行实地考察,这几个村里的健身活动开展得红红火火。这些来自村民的社会体育指导,来自基层,了解村民的需求和想法,开展的体育活动项目深受农民喜爱。这是他们与学校培养的社会体育指导员的差别。来自农民,了解农民,扎根农村,这或许是解决农村吸引不到体育人才,导致农民体育人才不足的方法之一。

3.1.5.4　乡镇和行政村的体育规章、制度明显滞后

　　当前,环鄱阳湖生态经济区在农民体育工程治理方面的法规、制度等体制

---

　　①　鹰潭市财政支出情况公告[EB/OL].http://xxgk.yingtan.gov.cn/ytxxgk/gzdt/tjsj/201306/t20130603_236966.htm(鹰潭市政府网).

因素的明显滞后,也阻碍了环鄱阳湖生态经济区在农民体育健身工程的开展。

从相关制度上看,目前环鄱阳湖生态经济区有《江西省全民健身实施计划(2011—2015年)》作为指导性的规划纲领性文件,南昌市、景德镇市、鹰潭市、九江市、新余市、抚州市、宜春市、上饶市、吉安市等地级市也出台了各自的全民健身实施计划,缺乏具体到乡镇和行政村的农民健身规章、制度以及实施计划。这些太过笼统的规划仅仅是与农民体育健身运动相关,没有具体的指导,没有机制与制度的约束,也就使得农民体育健身运动在实施过程中缺少支撑力与动力。这些都是前期建设上级政府的硬性规定,没有具体工程实施后乡镇和行政村的参照执行文件。

我们对"行政村是否有自己的农民体育健身规章、制度及村民健身实施计划"进行了调查,结果显示,有自己村民健身规章、制度以及实施计划的只有2个行政村,96.1%的行政村没有制定村民健身规章、制度以及实施计划(见图3.4),可见村民健身基本处于自愿状况,没有具体的规章、制度对他们健身活动进行指导,对他们健身习惯进行监督和约束。

同时,在实地考察中也发现个别地区对专项资金进行挪用,或者肆意改变项目的建设规划,场地器材费用逐年下降、管理者越来越不足,对农村体育不设置具体的专门运动管理费用,使得抚州市、上饶市、吉安市等一些地区的农村体育事业的进展过慢,相关体育组织、协调都非常落后,甚至对于农民体育运动的开展丝毫没有作用。同时,一些地区在农民参与体育锻炼的方法、农民体育运动的组织、相关运动项目的开展等方面显得较为滞后。

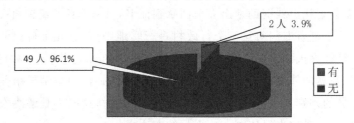

图3.4　有无制定村民健身规章、制度及实施计划的情况
(管理者问卷)(N=51)

由上可见,要进一步不断建立基层体育法规、制度,形成促进农民体育健身工程良性发展的长效机制。鄱阳湖生态经济区的各级政府应在《江西省全民健身实施计划(2011—2015年)》《江西省农民体育健身工程实施方案》的基

础上,对农民体育健身工程的各项目标任务进行细化,制定符合自己实际的相关制度文件,用制度的约束力保障工程的实施。要建立细化到行政村和乡镇的农民体育健身工程奖励、监督、评价机制以及相关考核标准、办法等,地方政府体育主管部门要与行政村体育负责人协调配合,客观评价各行政村的体育健身工程管理工作,奖惩分明,树立典型,形成"以点成线、以线带面"的农民健身工作的新格局,促进农民体育健身工程的有序开展。

3.2　健身工程实施前后环鄱阳湖生态经济区农村体育状况的对比

3.2.1　实施前后农村体育设施建设情况的对比

环鄱阳湖生态经济区的农民体育健身场地设施,在国家实施"农民体育健身工程"后发生了很大的变化。全省 400 个试点村从 2006 年 6 月 10 日陆续进入工程实施阶段,在 400 个试点中,鄱阳湖生态经济区(根据现有规划划分),就占了 36.7%[①]。

从 2006 年实施"农民体育健身工程"后,南昌、景德镇、鹰潭、九江、新余、抚州、宜春、上饶、吉安等鄱阳湖生态经济区的各地级市的农村的体育设施建设如雨后春笋般地发展起来。各地区积极进行项目的申报,由省发改委、国家发改委统一进行项目资金计划的下发,上级资金使用绿色通道,直接到达县级财政账户。在项目的选址、基本建设、申报各个阶段,全省力争上游,使项目充分发挥示范效应。

经过 2006 年的试行,2007 年的建设进入了一个小的高潮,当年的开工率达到了 100%,400 个农民体育健身工程试点村试行效果较好,增强了农民体育健身工作的影响力[②]。2006 年试点实施农民体育健身工程的村分布在五个设区市,鄱阳湖生态经济区(以现在划分为准)中,南昌市的新建县、南昌县,宜

---

① 　江西已有 400 个村列入全国农民体育健身工程试点[EB/OL].http://www.gov.cn/jrzg/2006－09/04/content_377184.htm(中央政府门户网).

② 　江西已有 400 个村列入全国农民体育健身工程试点[EB/OL].http://www.gov.cn/jrzg/2006－09/04/content_377184.htm(中央政府门户网).

春的樟树市、丰城市,吉安的吉安县、新干县,九江市的德安县、永修县等均有行政村列入了试点中。国家的配套资金,较为行之有效地激发了省、市、县三级建设体育健身工程的热情。

2008 年随着奥运会的举办,国家对农民体育健身的资金支持力度进一步加大,更加快了健身工程的进程。近几年来,随着"新型城镇化"的推进,以及社会主义新农村建设步伐的不断加快,鄱阳湖生态经济区的农民体育健身工程开展得更加火爆,截至 2013 年 10 月,鄱阳湖生态经济区的农民体育健身工程已取得了丰硕成果,"农民体育建设工程"实施前后环鄱阳湖生态经济区南昌体育设施情况发生了很大变化(见表 3.7)。

表 3.7　工程实施前后农村体育设施建设情况的对比

地市	行政村总数	2006 年工程实施前已建情况	已建比例(％)	截至 2013 年已建的情况	已建比例(％)
南昌市	1141	238	20.9	913	80.0
景德镇市	286	37	12.9	121	42.3
鹰潭市	351	61	17.4	104	29.6
九江市	1023	102	10.0	774	75.7
新余市	267	27	10.1	89	33.3
抚州市	907	46	5.1	147	16.2
宜春市	1247	254	20.4	632	50.7
上饶市	1678	95	5.7	356	21.2
吉安市	1061	91	8.6	311	29.3
总计	7961	951	11.9	3447	43.3

资料来源:http://www.jxsport.gov.cn/(江西省体育局网站)。

为了更好地检验鄱阳湖生态经济区"农民体育健身工程"实施前后农村体育设施建设情况两个分类变量的关联性,笔者利用 SPSS19.0 进行了卡方检验,结果为:卡方概率 0.038、似然比卡方 0.0172、连续校正卡方 0.0384、Mantel-Haenszel 卡方 0.0224(见表 3.8),可见两个分类变量的关联性与显著性均较强,从中可以推断出鄱阳湖生态经济区"农民体育健身工程"实施前后农村体育设施建设情况发生了深刻变化。2006 年实施农民体育健身工程以前,鄱阳湖生态经济区"南昌市、景德镇市、鹰潭市、九江市、新余市、抚州市、宜春市、上饶市、吉安市"等地的农村村级体育活动场所的数量,9 大城市的已建成比例在农民体育健身工程实施前分别为:20.9％、12.9％、17.4％、10.0％、

10.1％、5.1％、20.4％、5.7％、8.6％。实施农民体育健身工程后,到 2013 年 10 月,已建成比例分别达到了 80.0％、42.3％、29.6％、75.7％、33.3％、16.2％、50.1％、21.2％、29.3％。从已建成率上看,已经有了较高的飞跃。可以看出,鄱阳湖生态经济区"农民体育健身工程"实施前后农村体育设施建设情况发生了深刻的变化。

表 3.8　工程实施前后农村体育设施建设情况对比的卡方检验

统计量	自由度	值	概率
卡方	1	9.366	0.038
似然比卡方	1	8.3101	0.0172
连续校正卡方	1	6.292	0.0384
Mantel-Haenszel 卡方	1	7.531	0.0224
Phi 系数		−0.323	
列联系数		0.349	
Cramer 的 V		−0.358	

通过实地调查发现,经济比较好的村委会对村民的健身需求回应更好。例如:九江市都昌县蔡岭镇虎山村地处鄱阳湖中心地带,依靠鄱阳湖丰富的渔业资源,村民的经济状况都比较好,行政村的资金也比较充足。为了推进村民体育健身运动的开展,虎山村村委会每年从村级财政资金中拿出 4.5 万元专门支持农民体育健身运动开展以及工程的后期维护和管理。

3.2.2　实施前后农民参加体育锻炼情况的对比

3.2.2.1　农民每周体育锻炼的次数及时间

在农民体育健身工程实施前,每周锻炼 3 次及 3 次以上的人数为 41,而工程实施后达到 234;在农民体育健身工程实施前,每周锻炼 2 次的人数为 102,而工程实施后略有上升到了 123;每周锻炼 2 次以下的人数在农民体育健身工程实施前为 541,而工程实施后下降到 327(见表 3.9)。经卡方检验,工程实施前后呈现出显著性差异($P<0.05$),可见,每周锻炼 3 次及以上的人数大为增加,每周锻炼 2 次的人数稍有增加但变化不大,每周锻炼 2 次以下的人数大为减少,说明农民体育健身工程对农民健身活动和健身意识都有了很大的改进。

表 3.9　鄱阳湖生态经济区农民参加体育锻炼次数情况表($N=684$)

频率 (次/周)		$\geqslant 3$	$=2$	<2	X^2	P
实施前	人数	41	102	541		
	比例	6.0%	14.9%	79.1%	11.52	<0.05
实施后	人数	234	123	327		
	比例	34.2%	18.0%	47.8%		

在农民体育健身工程实施前,每周锻炼时间小于 30 分钟及 30 分钟的人数为 561,而工程实施后下降到 397 人;在农民体育健身工程实施前,每周锻炼 30～60 分钟的人数为 96,而工程实施后上升到 219 人;在农民体育健身工程实施前,每周锻炼大于 60 分钟的人数为 27,而工程实施后也达到 68 人(见表 3.10)。经卡方检验,工程实施前后呈现出显著性差异($P<0.05$),可知,锻炼时间小于 30 分钟的人数大大减少,锻炼时间介于 30 分钟和 60 分钟之间的人数增加明显,超过 60 分钟也有增加,但是数量有限。调查数据显示,"农民体育健身工程"实施前后农民每周体育锻炼的次数及时间都发生了相应的变化,"农民体育健身工程"对农民参加体育锻炼的时间及强度产生了非常好的带动效果。

表 3.10　鄱阳湖生态经济区农民参加体育锻炼时间情况表($N=684$)

锻炼时间 (分钟/次)		$\leqslant 30$	$30>60$	$\geqslant 60$	X^2	P
实施前	人数	561	96	27		
	比例	82.0%	14.1%	3.9%	10.27	<0.05
实施后	人数	397	219	68		
	比例	58.1%	32.1%	9.8%		

由此可见,鄱阳湖生态经济区农民体育健身工程的实施,对增强农民的锻炼频率、延长体育锻炼时间有着巨大的作用,农民每周锻炼的频率,以及锻炼的时间、长度都发生了倍增。根据体育运动学学者对我国体育人口的基本界定,认为每周锻炼在 3 次以上者,并且时间都在 30 分钟以上,达到中等的锻炼水平,才属于"体育人口"。从以上研究可以看出,鄱阳湖农民体育健身运动的开展,使得鄱阳湖生态经济区的"体育人口"有所增加。

3.2.2.2　农民体育锻炼的强度分析

为更好地了解环鄱阳湖生态经济区农民体育健身工程对农民体育健身的影响,笔者对农民体育锻炼的强度进行了调查与分析。根据体育运动学的相关标准,共设置了三个指标,分别为"呼吸心跳变化不大""呼吸、心跳略有加快、稍微出汗""呼吸急促、心跳明显加快、出汗较多"等三个等级。

在农民体育健身工程实施前,农民"呼吸心跳变化不大"的频数比例为65.4%,实施后,"呼吸心跳变化不大"的频数比例降为58.1%;在农民体育健身工程实施前,农民"呼吸、心跳略有加快、稍微出汗"的频数比例为25.4%,在实施后,"呼吸、心跳略有加快、稍微出汗"的频数比例降为24.9%;在农民体育健身工程实施前,农民"呼吸急促、心跳明显加快、出汗较多"的频数比例仅为9.2%,在农民体育健身工程实施后,"呼吸急促、心跳明显加快、出汗较多"的频数比例提高为17.0%(见表3.11)。

表 3.11　农民体育健身工程实施前后的农民体育锻炼的强度对比(N=684)

选项		呼吸心跳变化不大	呼吸、心跳略有加快、稍微出汗	呼吸急促、心跳明显加快、出汗较多	X^2	P
实施前	人数	447	174	63	11.78	>0.05
	比例	65.4%	25.4%	9.2%		
实施后	人数	397	171	116		
	比例	58.1%	24.9%	17.0%		

经卡方检验,工程实施前后锻炼强度不存在显著性差异($P>0.05$),可以看出,鄱阳湖生态经济区农民体育健身工程实施后,对于增强农民的锻炼频率、延长体育锻炼时间有着很大的作用,但是对增强农民的体育锻炼强度影响不大。

这与农村社会体育指导员缺乏有关,没有懂体育锻炼的人员对农民参与体育锻炼进行合理引导。在改革开放30多年,农村经济状况发生了很大的变化,农民生活方式也随之改变,农民自己也开始关注身体健康,由于缺少适当的指导,他们锻炼强度变化不明显。

3.2.3　实施前后农村体育组织情况的对比

从"农民体育健身工程"实施前后,农民对体育活动形式选择、体育活动场所选择、体育活动项目选择的变化,可以反映当前环鄱阳湖生态经济区"农民体育健身工程"实施对该地区农村体育组织建设产生了一定的影响。

3.2.3.1　农民体育健身工程对农民体育活动形式选择的影响

从表 3.12 可以看出,在农民体育健身工程实施前,农民"个人锻炼"的频数比例为 51.8%,在工程实施后,"个人锻炼"的频数比例降为 21.6%;在农民体育健身工程实施前,农民"与其他村民一起锻炼"的频数比例为 19.2%,在工程实施后,"与其他村民一起锻炼"的频数比例提高为 58.2%;在农民体育健身工程实施前,广大农民"与家人一起锻炼"的频数比例为 25.2%,在工程实施后,"与家人一起锻炼"的频数比例为 16.9%。经卡方检验,工程实施前后差异显著($P<0.05$),在农民体育健身工程实施前。农民在参与体育锻炼的形式大多是"个人锻炼",在工程实施后,环鄱阳湖生态经济区农民参与体育锻炼的形式则是与其他村民一起居多。与其他村民一起参与体育运动已成为当前环鄱阳湖生态经济区农民体育健身运动的重要方式,说明群众性体育运动在鄱阳湖生态经济区农村已慢慢开展起来,在体育骨干的影响下,周边农民积极投入体育健身运动中,并取得了一定的成效。

表 3.12　农民体育健身工程对农民体育活动形式的影响($N=684$)

选项		个人锻炼	与其他村民一起锻炼	与家人一起锻炼	其他	X^2	P
实施前	人数	834	309	405	61	10.81	<0.05
	比例	51.8%	19.2%	25.2%	3.8%		
实施后	人数	148	398	115	23		
	人数	21.6%	58.2%	16.9%	3.3%		

通过实地考察得知,在环鄱阳湖生态经济区农民体育健身工程实施前,广大农民的体育运动是一种"自发性"的,在工程实施后,则是在村委会统一组织下进行的,体育的活动形式、活动场所、活动项目的选择都有了很大的改进。在调查中发现,鄱阳湖生态经济区的少数行政村还特别成立了"体育协会""体育社团",有这些民间组织带着村民一起锻炼身体,丰富了农民体育健身活动项目。在南昌、景德镇、九江等地农村,一些村之间进行联合,整合资源推广体育健身项目,使得群众性的体育范围不断扩大,促进了基层社会体育组织的发展。农民的体育健身工程,带动了农民体育骨干队伍的建设。主要是以村委会的干部、中小学教师为主,这些体育骨干"本土化"特征较为明显,熟悉农村

工作,起到良好的带头效果。整个农村地区的体育组织数量日益增多,形式更加呈现出多元化的发展态势。

　　在实地考察中也发现,有大学生村官入驻的村,体育活动开展得普遍比较好。这些年轻人满怀热情,工作积极主动,很愿意将外面世界的东西带进来。他们中的体育骨干充分发挥作用,开展一些农民群众喜欢的群体活动项目。与此同时,随着到城市读书、工作、打工的新生代农民越来越多,剩下的大多是年纪大的老人和在家读小学、初中的年幼孩子,这些年龄的人原本也喜欢扎堆。加上适当的引导和组织,单个锻炼的人少了,一起锻炼的人多了起来。"农民体育健身工程"建成后,部分村委会加强了对农民体育锻炼的组织,并经常举办一些适合本村村民喜欢的体育活动项目。这些都说明,农民体育健身需要有人指导,找些体育骨干指导村民利用健身工程进行锻炼是非常必要的,只有这样才可以更大程度地发挥工程实施对农民体育健身活动的促进作用。

3.2.3.2　农民体育健身工程对农民体育活动场所选择的影响

　　从表 3.13 可见,工程实施前,排在第一位的是"田边、公路边、树森及空地",农民选择的人数比例为 69.6%;工程实施前排在第二位的是"自家庭院",农民选择的人数比例为 56.6%。在工程实施后,排在第一位的是"村内的公共体育活动场所",农民选择此项的人数达到了 61.2%;第二位的是仍然是"田边、公路边、树林及空地",不过农民在"田边、公路边、树林及空地"锻炼的人数比例明显减少,为 28.6%。农民在"自家庭院"锻炼的人数也大为减少,仅有 20.4%。可以看出,工程实施后,广大农民在"自家庭院"和"田边、公路边、树林及空地"活动的情况有了很大变化。对于农民来说,田边、公路边、树林及空地这些场所作为体育锻炼的场所最为方便,但并非是最好的选择。

表 3.13　农民体育健身工程对农民体育活动场所选择的影响(多选)($N=684$)

体育锻炼项目	工程实施前		排序	工程实施后		排序
	人数	比例		人数	比例	
自家庭院	387	56.6%	2	139	20.4%	4
田边、公路边、树林及空地	476	69.6%	1	196	28.6%	2
本村学校	223	32.6%	3	180	26.4%	3
村内的公共体育活动场所	129	19.0%	4	419	61.2%	1

工程实施前后,农民选择在"本村学校"的人数比例变化不大,由此可以得出,体育场地设施缺乏的农村,学校一直是农民参与体育锻炼的重要活动场所。在一部分农村,基本上能耕种的土地都已经被利用,唯独农村的中小学校操场有大量的空闲地,因此也成为继公共体育服务场所后农民的第二个选择。农民体育健身工程实施的最大成效,就是为农民提供了更加喜闻乐见的活动场所,使农民能够有空间进行体育锻炼,更好地推动了农民的体育运动。最好的证明就是在工程实施后,农民选择排在第一位的是"农民健身工程建设的体育场地",人数比例达到了 61.2%(见表 3.13)。

通过与部分农民访谈得知,因为没有体育活动场地,所以才会在"自家庭院"和"田边、公路边、树林及空地"活动。村里建成了"农民体育建设工程",他们闲暇时间多了去处,特别是在天气好的晚上,篮球场热闹得像过节一样,大人聚在一起锻炼身体,大孩子做完作业结伴打球,小孩子聚在一起打闹嬉戏,让村民的精神生活十分充实。

3.2.3.3　农民体育健身工程对农民体育活动项目选择的影响

首先,分析工程实施前后排在前三位的运动项目。在农民体育健身工程实施前,排在前三位的体育锻炼项目分别是"走步、慢跑""武术、太极拳、气功""健身操、广场舞等",所占百分比分别是 67.9%、33.9%、31.8%(见表 3.14)。这说明在"农民体育健身工程"实施前,农村的体育锻炼场地设施比较匮乏,排在前三位的体育锻炼项目不需要专业场地。这些体育运动项目之所以成为农民的首要选择,是由于缺少运动场地及器材,农民选择这些,也属无奈之举。工程实施后,排在前三位体育锻炼项目变为"走步、慢跑""篮、排、足等球类运动""乒乓球",所占百分比分别是 56.2%、41.1%、31.0%(见表 3.14)。排在第一位的"走步、慢跑"与工程实施前选择人数有所下降,但变化不大。这与农民职业有关,农民从事体力劳动的时间比较多,闲暇时间就不太喜欢很激烈的对抗性运动。对于绝大多数农民来说,"走步、慢跑"是他(她)们最为喜闻乐见的运动方式。排在第二位的"篮、排、足等球类运动"和第三位的"乒乓球"变化很大,可见工程项目建成篮球场和乒乓球桌起到很大的作用。这些体育场地设施建设,使得这些运动项目在农民中开展起来。

表 3.14　农民体育健身工程对农民体育活动项目选择的影响(多选)(N=684)

体育锻炼项目	工程实施前		排序	工程实施后		排序
	频数	比例		频数	比例	
健身操、广场舞等	217	31.8%	3	193	28.2%	5
走步、慢跑	464	67.9%	1	385	56.2%	1
武术、太极拳、气功	232	33.9%	2	197	28.8%	4
乒乓球	74	10.8%	7	212	31.0%	3
羽毛球	108	22.0%	5	160	23.4%	6
篮、排、足等球类运动	182	26.7%	4	281	41.1%	2
游泳	81	11.9%	6	76	11.1%	9
登山	81	11.9%	6	89	13.0%	8
健身器械	44	6.4%	8	94	13.7%	7
其他	33	4.8%	9	40	5.8%	10

其次,其他运动项目选择情况的分析。一方面,从表 3.14 中可见,"羽毛球"、"健身器械"和"登山"三项体育活动农民对其选择排位微降,但选择人数绝对值增加。羽毛球在农民体育健身工程实施后农民选择排位由第 5 位下降为第 6 位。同时要看到选择羽毛球和健身器械绝对人数大为增加,都与工程实施后农民积极锻炼身体氛围有关。"健身器械"选择人数增加,得益于体育彩票资助建在工程周边的体育锻炼器材。另一方面,"健身操、广场舞等"和"武术、太极拳、气功"两项选择排位和人数都有下降但变化不大。在农民体育健身工程实施前,选择"健身操、广场舞等"的有 217 人,选择"武术、太极拳、气功"的有 232 人;在健身工程实施后,选择"健身操、广场舞等"的有 193 人,选择"武术、太极拳、气功"锻炼的有 197 人,健身工程实施后选择人数稍微下降但变化不大(见表 3.14)。"健身操、广场舞等"项目和"武术、太极拳、气功"项目对锻炼场地设施要求比较简单,设备便宜,锻炼方法也简单、易操作,男女老少都适合,因此在工程实施后选择人数仍旧非常多。

从农民运动项目选择变化中,可以看出农民体育健身工程实施对农民健身有很大影响,篮球场地设施的建设、乒乓球台的引入,在环鄱阳湖生态经济区一些经济条件好的地区还建立了羽毛球场,使得农民的业余体育生活得到了较好的发展。近年来在环鄱阳湖生态经济区中经济发达的农村,如南昌市、九江市等地相继建立了"村民健身室",是对传统农民体育健身工程的拓展,使农民能够和"城里人"一样,去健身室进行运动,满足了农民群众对体育健身的需求。同时,农民体育健身工程实施后,球类等竞技性体育活动在农民群众中得到广泛开展。国家关于农民体育健身工程建设标准,有"一块混凝土标准篮球场,配备 1 副标准篮球架和 2 张室外乒乓球台"的硬性规定,使农民体育活动场地得到有效拓展。最重要的是农民体育健身工程实施,为农民提供了锻炼的空间,也为农民带来了"终身体育锻炼"的意识,培养了农民良好的体育锻炼习惯。

访谈部分农民得知,还有一部分农民认为自己经常下地干活并不缺少体育运动,不需要通过体育锻炼促进身体健康。他们更喜欢休闲一些的如下棋、打牌、看电视和读报纸之类,这也是将来农民健身工程发展的方向之一。

3.2.4　实施前后农民体育消费情况的对比

3.2.4.1　农民体育消费水平情况

农民的体育消费水平是衡量农民参与体育健身的一个重要指标,在一定程度上反映出农民体育健身的情况。农民体育健身工程实施后,对农民的体育消费产生了深刻的影响。

从表 3.15 可以看出,在农民体育健身工程实施前,农民平均年支出额"小于 50 元"频数比例为 36.1%,实施后频数比例为 12.3%;在农民体育健身工程实施前,农民平均年支出额"51～100 元"频数比例为 47.3%,实施后频数比例为 32.4%;在农民体育健身工程实施前,农民平均年支出额"101～200 元"频数比例为 9.6%,实施后频数比例为 34.1%;在农民体育健身工程实施前,农民平均年支出额"201～500 元"频数比例为 4.7%,工程实施后频数比例为 15.7%;"500 元以上"的消费,在工程实施前后由 2.3% 上升到 5.5%。

表 3.15　"农民体育健身工程"实施前后农民体育消费水平($N=684$)

选项		小于 50 元	51～100 元	101～200 元	201～500 元	500 元以上	X^2	P
实施前	人数	247	324	65	32	16	9.94	<0.05
	比例	36.1%	47.3%	9.6%	4.7%	2.3%		
实施后	人数	84	221	233	108	38		
	比例	12.3%	32.4%	34.1%	15.7%	5.5%		

经卡方检验,工程实施前后体育消费水平有显著性差异($P<0.05$)。由此可知,随着农民体育健身工程的开展,农民体育消费意识不断提高。随着我国新农村建设,农民收入水平也在不断提升,农民体育健康观念也在改变,共同促进农民体育消费能力的增长。随着农村经济的进一步发展,将来农民体育消费水平会不断提高,有可能成为拉动内需的另一个亮点。

3.2.4.2 农民体育消费结构情况

随着我国农业科技事业不断发展,农业技术支持使得农民富裕起来,农业机械化替代了农民很多体力劳动,让农民有了更多闲暇时间。满足了基本物质需求之后,花钱买健康逐渐被农民接收。

在农民体育健身工程实施前,农民体育消费结构中"运动服装、鞋帽"频数比例为64.1%,实施后频数比例为38.9%;"自用体育器材"上的消费,工程实施前频数比例为25.2%,实施后上升为31.3%;工程实施前,农民体育消费结构中"收费体育场所消费"频数比例为5.8%,实施后频数比例为19.8%;在工程实施前,农民体育消费结构中"体育杂志、报纸"频数比例为3.0%,实施后频数比例为6.1%;在工程实施前,广大农民体育消费结构中"观看现场体育比赛"频数比例为1.9%,实施后频数比例为3.9%(见表3.16)。经卡方检验,工程实施后体育消费结构有显著性差异($P<0.05$)。

表 3.16 农民体育消费结构情况($N=684$)

选项		运动服装、鞋帽	自用体育器材	收费体育场所消费	体育杂志、报纸	观看现场体育比赛	X^2	P
实施前	人数	438	172	40	21	13	10.73	<0.05
	比例	64.1%	25.2%	5.8%	3.0%	1.9%		
实施后	人数	266	214	136	42	26		
	比例	38.9%	31.3%	19.8%	6.1%	3.9%		

从以上分析可知,随着农民体育健身工程开展,农民消费结构发生深刻的变化,在实施农民体育健身工程前,农民体育消费大多为运动服装、鞋帽,而在工程实施后,逐步向自用体育器材、收费体育场所消费、体育杂志、报纸、观看现场体育比赛等其他方向消费转变,说明农民体育工程对农民的消费观念产生了一定影响,使农民对体育运动的兴趣更加浓厚。吃、穿、住是人类的基本消费,体育是文化精神消费,农民的体育消费结构变化从一个侧面反映了农民

经济状况变好。究其原因,一方面,这些年,国家的"三农"及工业反哺农业等各种惠农政策,使农民的收入大幅增加,为农民体育消费提供了经济基础;另一方面,现在在外打工的农民收入也不断上涨,为农民提供了较好的物质条件。

进一步访谈得知,在农民身边举办大型体育赛事非常少,他们看现场体育比赛的机会也很少,同时报纸和体育杂志在零售和订阅都存在困难。可以看出,虽然消费结构发生了变化,但是体育杂志、报纸、观看现场体育比赛等方面的消费还不够,是受外界条件和农村自身环境的影响,从而导致农民在体育书籍、报纸、观看现场比赛等方面的消费还不够。

3.3　环鄱阳湖生态经济区"农民体育健身工程"实施效果的个案分析

为了更好地研究农民体育健身工程为鄱阳湖生态经济区带来了影响,以及对"农民体育健身工程"进行全方位的评价,选取鄱阳湖生态经济区的核心城市——南昌为个案,来进行深入分析。

3.3.1　南昌市"农民体育健身工程"实施现状

南昌是"江西的省会城市,又称昌、豫章、洪城,是我国江西省的政治、经济、文化、科技、交通中心,是鄱阳湖生态经济区核心城市。南昌市总面积7402.36平方公里,总人口504万人,其中农村人口260万人,下辖安义县、东湖区、进贤县、南昌县、青山湖区、青云谱区、湾里区、西湖区、新建县等10个县区,另外还有新建的红谷滩新区、高新区、南昌经济开发区、小蓝经济技术开发区、桑海经济技术开发区、望城新区,共有29个街道、47个镇、33个乡,499个社区、1141个行政村"[①]。近年来,南昌市发展迅速,抢抓机遇,积极与武汉、长沙、合肥共建长江中游城市群,呼应长江三角洲和珠江三角洲,以鄱阳湖生态经济区为依托,打造国家规划重点地区和全国核心发展新的增长点。在加快经济发展的同时,南昌市大力加快农村体育建设,将农村体育作为新型城镇化

---

① 江西省南昌市介绍 http://www.hijiangxi.com/html/2013/0429/1008313460.htm (江西信息港).

的重要指标,不断加大政策扶持和资金投入力度,建立保障机制,推行有效举措,在全市掀起了建设农民体育健身工程的高潮。截至目前,全县标准化农民体育健身工程已达 1023 个,占 1141 个行政村的 80.0％,是鄱阳湖生态经济区中农村体育健身工程建成率最高的地区(见表 3.5)。

3.3.2　南昌市"农民体育健身工程"实施的经验启示

3.3.2.1　行政村和乡镇领导重视

南昌市自 2006 年江西省被列入国家农民体育健身工程试点后,就加快了该工程的实施。一方面,要扩大农民健身工程的实施规模,提高工程的覆盖面,另一方面,要做好工程的使用与维护,拨付专款、派专人负责体育场地设施的维护,签订岗位协议并落实到人,形成制度化的执行力,使得体育场地和设施能够充分发挥作用,将农民体育健身工程落到实处。南昌市为此成立了"南昌市农民体育健身工程领导小组",组长由分管体育的副市长担任,同时在每个区、县也成立了相应的农民体育健身工程领导小组,组长均由区、县政府分管领导担任。南昌市还及时制订了符合南昌市实施的"农民体育健身工程实施方案",从市、县、乡三级实施月调度制度,对各部门、各级政府"明确任务、明确职责、明确要求",使农民体育健身工程真正落实到每个部门。同时,南昌市将"农民体育健身工程"作为各级领导的重要考核指标,充分调动行政村和乡镇基层政府开展此项工程的积极性,切实做到认识到位、组织到位、人员到位和施工人员、工作人员、社会指导员和工程技术人员全部到位,为"农民体育健身工程"的实施打下了坚实的基础。

南昌市进贤县三里乡何家村农民体育活动氛围原本就比较好,2006 年刚试行"农民体育健身工程"项目的时候没有申请到资助。从 2007 年开始村委会领导班子就高度重视这项工作,积极写申请报告,争取三里乡政府对本行政村的重视和支持,将实施"农民体育健身工程"纳入本行政村年度村委工作的重要议事日程,并认真配合当地政府建设社会主义新农村的总体规划,对健身工程实施后组织本村村民健身以及健身工程后期维护都做出了详细的方案。结合本行政村体育场地的具体情况,本村的何家小学体育场地设施都比较破旧,还是 20 世纪 90 年代建成的体育场地,村主任找到校长认真沟通,希望将健身工程建在学校里面,而学校要保证对村民开放。同时请人科学规划,制订切实可行的实施方案,努力扩大农民体育健身工程的宣传工作,希望得到村民对这个健身工程的认同。通过两年的努力,2008 年何家村顺利申请到农民体育健身工程资助项目。由于前期宣传工作做得好,在农民体育健身工程实施过程中,村民的积极性非常高,主动出力,使此项目在 2008 年 8 月提前完工。农民体育健身工程实施后,村委会在农闲时候组织村民举行篮球比赛、农民趣味运动会,使得村民闲暇生活丰富多彩。

可见,只有行政村和乡镇基层领导重视体育工作,才能激发群众参加体育健身活动的热情,才会创造出扎实的体育工作基础,农民才会积极主动地参与建设工程建设,再加上一定的经济配套能力,才能使"农民体育健身工程"顺利落实,并很好地发挥其健身功能。

3.3.2.2　争取上级资助,依靠自身投入,寻求社会赞助

南昌市采取依靠自身投入,争取上级资助,寻求社会赞助的办法解决资金问题,多年来南昌市在农民体育健身工程的投入不断增加。对于筹集的农民体育健身工程款项,南昌市体育局根据国家、江西省的要求,将资金下发到南昌市所属的各县、区,再由县区政府将资金下发到乡镇、行政村等。据资料统计,2007－2012 年间,南昌市的农民体育健身工程建设资金逐年增加。

表 3.17　2007－2012 年南昌市农民体育健身工程投资一览表　　单位:万元

时间	总投资	国家投资	省级投资	市级投资
2007 年	142	71	20	51
2008 年	290	150	100	40
2009 年	402	102	140	160
2010 年	523	126	180	217
2011 年	682	153	239	290
2012 年	829	200	269	360

据资料统计:http://www.nctyj.gov.cn/(南昌市体育局网)。

首先,依靠自身投入。从分析 2007－2012 年南昌市农民体育健身工程建设的资金来源可知,在南昌市农民体育健身工程的投资安排中,市级投资为南昌市农民体育健身工程的投资主力,其次为省财政投资、国家财政投资。市政府投入力度较大,累计投入资金超过国家和省级财政的划拨,国家只是象征性地进行引导,创造社会舆论。南昌市农民体育健身工程由 2007 年的 142 万元增长到 2012 年的 829 万元,总投资平均每年以 34% 的速度递增。充裕的资

金为农民体育健身运动的开展提供了坚实的保障。

具体到每一年的投资来看,2007 年南昌市农民体育健身工程经费总额为 142 万元,其中国家 71 万元,省级 20 万元,市级 51 万元;

2008 年南昌市农民体育健身工程经费总额增加到 290 万元,其中国家投入翻了一倍,净增加 79 万元,市级反而减少了 11 万元,省级变化更大,增长了 4 倍,达到 100 万元;

2009 年南昌市农民体育健身工程经费总额到了 402 万元,其中国家稍有增加,总额增加主要来自省财政和市财政的投入;

2010 年南昌市农民体育健身工程经费总额增加了 121 万元,其中国家增加 24 元,省级增加 40 万元,市级增加 57 万元;

2011 年南昌市农民体育健身工程经费总额比上年度增加 159 万元,其中国家多投 27 万元,省级和市级共增加 132 万元;

2012 年南昌市农民体育健身工程经费总额为 829 万元,主要来自省级和市级共计投入 629 万元(见表 3.17)。

其次,积极争取上级支持。市委、市政府多次召开部门协调会,动员和组织各职能部门充分发挥职能优势,支持农民体育健身工程建设,并在组织动员的同时,积极将农民体育健身工程建设专项资金列入财政预算。同时,跑项目、抓项目、谋划项目、储备项目,积极向省发改委申请农民体育健身工程项目,把握上级的投资导向,使更多的项目落地南昌市,为项目建设提供资金支持。南昌县、新建县、进贤县、安义县在县级财政给不出太多资金的情况下,纷纷积极申请省财政的体育健身工程的财政补贴,为农民体育健身工程的开展提供了良好的保障。

最后,寻求社会赞助。南昌县的陶家村做得很好,村委会领导班子高度重视,加强领导工作,积极争取当地党委、政府的重视和支持,将实施"农民体育健身工程"纳入村委会年度工作的重要议事日程,紧紧结合本村建设社会主义新农村的总体规划;并结合本村体育场地具体情况,科学规划、精心组织,制订切实可行的实施方案,有计划、有步骤地做好各项工作,尽可能扩大工程建设的覆盖面。利用"上级拨款""以工代赋"的方式,调动群众的力量来保证工程的规模,不但建设了篮球场和乒乓球场等农民体育健身工程要求的项目外,还自筹资金投资 30 万元,修建了农民休闲广场。同时,通过农民体育健身工程的建设,积极推进本村各类体育组织和体育活动站(点)的建设,并聘请莲塘六中体育教师刘老师担任本村社会体育指导员,充分发挥他对本村开展农民体育活动的组织、带动和指导作用。本村的驻村大学生村官小喻更是利用传统节日和农闲季节,组织开展具有地方特色、农民喜闻乐见、易于参与的体育健身和竞赛活动。由于陶家村地处昌南小兰工业园禽蛋加工区,附近有许多工厂,很多农民农闲时会在这类工厂打工,小喻针对这一情况开展剥鹌鹑蛋比赛,比赛非常热闹,村子里男女老少都参与其中,同时在春节、元宵、中秋农历重大节日也举行了一些本村的传统体育项目,如舞龙狮、扭秧歌、拔河等并形成制度。陶家村做到了组织到位、骨干到位、活动到位,从而吸引了更多的农民投身到体育健身活动中来,切实发挥农民体育健身工程的阵地作用。

3.3.2.3　动员农民参加全民健身运动会,并利用运动会宣传体育健身

南昌市将充分发动群众作为农民体育健身工程的成败关键。通过举办全民健身运动会,并动员农民广泛参与,为发展群众体育运动探索了一条"政府引导、社会支持、群众广泛参与"的好路子。一方面,动员农民群众参加南昌市全民健身运动会以及江西省全民健身运动会,充分调动群众体育健身的积极性。并利用运动会举办期间大力进行农民健身工程动援与宣传工作,为农民体育健身工程的建设和建成后的健身利用造势。另一方面,市、县、乡各级政府也充分利用广播、电视、黑板、网络、悬挂宣传标语制作"农民体育健身工程"宣传作品,印制宣传册大力宣传试点工作的意义、作用,不断加强宣传力度。

南昌市的城镇化与环鄱阳湖生态经济区其他地市相比高得多,农村人口相对较少,多年来,南昌市城镇全民健身较为活跃,而农村地区则相对滞后。根据南昌市的具体情况和体育工作实际情况,南昌市从 1999 年开始就积极组织农民参与全省全民健身运动会。全民健身运动会是江西省在全国首创的,与江西省运动会一样属于省一级的运动会。全民健身运动旨在动员基层人民群众参与,它的举办主场地就在群众身边,通过层层选拔,从行政村、乡镇、县(区)、市,逐步向上延伸。从基层开始举办比赛的方式,导致全民健身运动会时间比较长,从当年的 3 月份开始比赛,到 10 月份结束,这是从行政村比到市一级的比赛时间,到了 11 月份,才是省体育局组织的决赛,并举行闭幕式。全民健身运动会的项目设置一般在 60 项左右,适合男女老少各种人群参加,这

些项目贴近人民群众的现实生活。[①] 既有群众喜爱的乒乓球、羽毛球、篮球、足球等现代体育项目,还有群众日常锻炼的健身气功、门球、跳绳、广播体操、体育舞蹈等项目。根据资料统计,江西省 1999 年举办的第一届全民健身运动会(1999 年)有 50 万的南昌市群众参与其中;第二届运动会(2003 年)达到 97 万人,第三届(2007 年)参与人数超过了 158 万人,2011 年举办的第四届吸引了更加多农民群众的参与。[②] 2008 年北京奥运会江西省体育代表团取得了优异体育成绩,得到时任国家主席胡锦涛在奥运会庆功会上的特别表扬,江西省全民锻炼的风气日盛,同样在南昌市也旋起了一股全民锻炼热潮。从 2008 年开始,南昌市开展了"南昌市全民健身运动会",将比赛推广的基层,使比赛真正成为广大基层农民的比赛。到 2012 年,已成功举办了四届"全民健身运动会",80％以上的农村参与了此项活动,使比赛成为促进农民健身的重要抓手,为农民健身工程的开展注入了新的活力。事实证明,通过组织农民参加全民健身运动会,是农民健身宣传的一个良好的载体,是农民健身运动普及和发展的最佳平台,是农民群众体育运动水平得以提高的重要阵地,还是促进城乡体育的协调发展的良性机制。

通过宣传,南昌各县区的农民群众对体育健身工程表现出了极大的热情。致使农民体育健身工程全面铺开后,立即受到各乡村的热烈响应,出现了争着要求试点的现象。一些农村上级拨完资金后,采取"以工代赋"的方式,组织农村劳动力,免费投入农民体育健身工程建设中,为项目建设提供了人力支持。在大力宣传下,全社会对农民体育健身工程的认识也更加深刻,一些社会各界人士都主动、热情地关心、支持农民体育健身工程建设,相继为农村体育健身工程捐款、捐物,这些都为南昌市的农民体育健身工程带来了较强的动力。

3.3.2.4　结合自身特点进行布局,工程前期建设和后期维护管理同时监管

南昌市结合自身的地理条件,对农民体育健身工程进行合理布局,同时监管健身工程前期建设和后期管理、维护。

首先,在健身工程建设前期的选址上,要求行政村和乡镇自己申报、上级政府负责推荐和考察,选址要合理,征地要依法,场地四周界址要划清。体育

---

① 江西省全民健身运动会简介 http://www.jxsport.gov.cn/.

② http://www.nctyj.gov.cn/(南昌市体育局网站).

局健身工程地方在选择方面,优先选择人口集中,农民群众有体育锻炼习惯,缺少活动场所的村(乡镇),同时要与县(市)新农村建设规划相结合。不占农田,不拆农房,不摊派,确保场地面积及相关设施达标。

其次,在施工过程中,做好工程的监督和合同管理,严格掌握质量关,实行实行建设工程招标法,场地质量严格按建设部和国家体育总局的《体育建筑设计规范》(JGJ 31－2003)实行,对项目的每个一级建设指标、二级软件指标,都进行严格核算,使项目质量过硬。

最后,健身工程建设完成后,在场地设施的利用和后期维护上,要进行定期抽查,对实在拿不出维护资金的行政村采用专项拨款的方式予以解决。

第4章 城镇居民社区体育场地设施存在问题分析

　　城镇居民的健身活动是全民健身的重要组成部分,社区体育设施的完善和提升是推进社区体育发展的重要举措,是推进《全民健身条例》实施的重要途径,而社区体育设施的建设和发展滞后于社会、经济的发展,体育设施的不足或缺乏成为制约社区体育发展的主要瓶颈之一,如何根据居民的实际健身需要,完善和提升小区体育设施,满足居民日益增长的多样化健身需求,是社区体育发展急需解决的问题,这对构建和谐社会、精神文明建设和小康社会的实现有着重要的理论和现实意义。

　　党和国家历来高度重视人民健康。新中国成立以来,特别是改革开放以来,我国健康领域改革发展取得显著成就,城乡环境面貌明显改善,全民健身运动蓬勃发展,医疗卫生服务体系日益健全,人民健康水平和身体素质持续提高。2015年我国人均预期寿命已达76.34岁,婴儿死亡率、5岁以下儿童死亡率、孕产妇死亡率分别下降到8.1‰、10.7‰和20.1/10万,总体上优于中高收入国家平均水平,为全面建成小康社会奠定了重要基础。同时,工业化、城镇化、人口老龄化、疾病谱变化、生态环境及生活方式变化等,也给维护和促进健康带来一系列新的挑战,健康服务供给总体不足与需求不断增长之间的矛盾依然突出,健康领域发展与经济社会发展的协调性有待增强,需要从国家战略层面统筹解决关系健康的重大和长远问题。

　　推进健康中国建设,是全面建成小康社会、基本实现社会主义现代化的重要基础,是全面提升中华民族健康素质、实现人民健康与经济社会协调发展的国家战略,是积极参与全球健康治理、履行2030年可持续发展议程国际承诺的重大举措。未来15年,是推进健康中国建设的重要战略机遇期。经济保持中高速增长将为维护人民健康奠定坚实基础,消费结构升级将为发展健康服务创造广阔空间,科技创新将为提高健康水平提供有力支撑,各方面制度更加成熟,更加定型,将为健康领域可持续发展构建强大保障。

　　为推进健康中国建设,提高人民健康水平,根据党的十八届五中全会战略部署,制定本规划纲要。本规划纲要是推进健康中国建设的宏伟蓝图和行动纲领。全社会要增强责任感、使命感,全力推进健康中国建设,为实现中华民族伟大复兴和推动人类文明进步作出更大贡献。

4.1　城镇居民社区体育场地设施建设方面存在问题分析

4.1.1　体育设施总量严重不足

社区体育场地是社区居民进行体育锻炼的主要活动场所,体育设施的多样化更为体育活动者的体育锻炼提供多种选择,从而提高了体育参与的积极性,丰富了社区的文化生活。居民社区体育健身设施一般由三个部分组成:一是小区绿地或空地,适合散步或拳操活动,但由于私家车的快速发展,小区的道路及空闲处停满了私家车;二是健身苑点,主要是综合性健身器材,适合进行器械性健身练习,但由于缺乏维护,大多已破旧,或功能单一,无法满足不同年龄层次居民的健身需求;三是健身会所,适合进行专项健身练习。健身会所大多为私人经营,健身器材不够完备,且收费较高,多数居民望而止步。随着城市的发展,新建社区日益增加,居民体育体育活动参与越来越多,但是社区体育活动场地的不足,抑制了居民体育锻炼活动的意愿。

另一方面,社区体育场地资源的老化破损问题,后期维护都存着问题。特别是城市居民的体育锻炼时间相对集中,居民大多喜爱在清晨或晚饭后进行体育锻炼,导致这一时间段内社区体育设施资源的供不应求。室外体育场地是主体,室内体育场地偏少,而社区室外体育设施大多是 1997 年实施全民健身工程以来建造的,以大众健身器材为主,只能初步满足老年人的需求,缺乏青少年、中年人、儿童需求的场地和器材,不能满足不同年龄层次居民日益增长的健身需求。例如南昌市红谷滩区的丰和新城小区,建于 2000 年初,该小区建设初期并没有考虑规划体育活动场所的问题。在笔者的实地考察中发现,该小区内的体育场地设施总量严重不足,整个小区只有很小的一块活动场地并且现有的体育设施破损严重,没有得到有效的维修与保养。这一现象违背了《2001—2010 年体育改革和发展纲要》中注重发展社区体育的指导思想。

4.1.2　体育场地未能有效建设并按规定投入使用

社区体育场地的布局作为城市总体规划中的一个重要组成部分,在有些地方并没有引起相关部门的高度重视。很大一部分社区体育活动场地的布置都存在不合理的现象,导致体育场地设施不能得到有效利用。例如于 2001 年在南昌市青山湖区新建的大唐世家,在当年建设规划时,设有体育场、健身房、露天健身路径等一系列的体育活动设施,而现今这些场所都已经挪为他用,原有的体育场地被改造成了商品房。该小区居民根本无法进行体育锻炼活动。所以,很多居民在闲暇时间就只能在楼下闲聊,社区的体育文化生活十分单调。

另一方面,即使已纳入规划的体育场地也因为开发商的利益因素而未能完成建设。近年来,随着房地产项目的不断升温,很多投资者都争相挤入这一领域,部分开发商因为资金不足,往往采用分阶段建设的方式。如此,开发商可以达到降低相关配套设施的目的,特别是像体育场地这类占地较多的设施。有些开发商甚至将本期应入住的时间无限期地推后,通过各种方式变相压缩体育场地的面积。如正在建设的南昌市红谷滩绿地学府公馆,规划中社区的绿地面积达 23 亩,实际却没有可以进行体育活动的场所。

4.2　城镇居民社区体育场地设施管理方面存在问题分析

4.2.1　体育场地设施使用和维修保养制度的不完善

合理使用、及时维护是实现体育场地设施价值最大化的条件和保障。但是,从目前城镇居民社区的情况看,仍存在社区体育场地设施使用制度和维护制度的不健全的现象。居民健身体育设施主要分布于居住小区、社区体育活动场所、公园、广场等地,形成了一定体育器材健身网络,但由于体育场地设施数量少、功能单一、质量不高,不能满足居民日益增长的健身需求。我国《中华人民共和国体育法》的相关规定,明确表示了"任何组织和个人不得侵占、破坏公共体育设施"。但是仍有部分领导或有关单位为了追求片面的经济利益而置国家法律于不顾。从南昌市体育局了解到,2013 年南昌市共发生 136 起有关公共体育场地设施被占用的事件。其次,一些经营性的健身场所收费存在不合理现象。体育场地设施的管理者从提高体育场地的经济收入的角度出发,不断提高收费价格,将一大批希望参与体育活动的普通居民拒之门外。再次,新建住宅社区体育场地设施得不到有效的维修与保养。城市社区内的体育场地设施大多没有专项的维修资金,各相关部门之间又相互推诿。所以,出现了很多社区体育场地设施破损后无人维修的局面。

4.2.2　忽视社区体育活动健身氛围的营造

社区体育氛围是衡量社区全民健身活动开展情况的重要因素。从笔者实地访谈了解的情况来看,人们普遍更为关注体育设施的建设,而忽视体育活动氛围的营造。一般的观点是认为只要体育场地设施建设完工投入使用,居民自会参与体育锻炼。事实上,这二者并没有直接的因果关系。体育设施一定要符合大部分居民锻炼的意愿。室外体育场地是主体,室内体育场地偏少,而小区室外体育设施大多是 1997 年实施全民健身工程以来建造的,以大众健身器材为主,只能初步满足老年人的需求,缺乏青少年、中年人、儿童需求的场地和器材,不能满足不同年龄层次居民日益增长的健身需求。

除了体育设施之外,社区体育氛围也对居民的体育锻炼意愿影响很大。在南昌市红谷滩联泰香域中央,笔者看到的是配套设备整齐、规范的体育场馆和健身路径,却很少有居民前来使用。究其原因,该社区内的居民大多缺乏体育锻炼的意识。从国外的经验看,社区内体育设施是社区体育发展的基础,营造积极向上的体育锻炼氛围,从而促进社区居民参与体育活动的积极性。

4.2.3　体育场地设施审批和监管不到位

社区体育活动场地设施作为居民健身的基本保障,有关部门应该提高的重视,健身场地设施是搞好社区体育文化的物质基础,因此,必须加大体育活动场地设施的审批力度。但是实际生活中,相关部门在审批程序问题上往往流于形式,体育行政主管部门的意见没有起到实质性的作用。有关部门轻视体育场地设施的指导与监督,地方部门对体育场地设施规划不够重视等问题。虽然国家出台了一系列针对完善社区体育场地设施、促进社区体育场地发展的法律法规,但实施不到位。因此,必须加大体育活动场地设施的审批力度。

4.3　对策与建议

社区体育场地设施存在建设不足、被占用、后期保养与维护不到位等问题,这些是制约当前城市居民社区体育发展的重要因素,不仅影响体育健身活动的开展,更关系到城市体育产业的进一步发展。因此,必须采取有效的措施解决城市居民社区体育场地设施存在的问题,促进社区体育的蓬勃发展。

4.3.1　加快社区体育场地设施建设力度

社区体育是我国开展全民健身运动的基础,是活跃当地体育文化和社区文化的支撑,对社区体育的促进也是构建城市和谐社区的重要内容。因此,必须全面贯彻落实国家的全民健身政策纲要,坚持城市体育发展以社区为突破点的思路。

第一,要解放思想,拓宽社区体育设施的融资渠道,不断加快社区体育场地的建设力度。目前,社区体育场地设施不足是制约社区体育顺利进行的重要因素。在当前市场经济高速发展的背景下,各行业之间的投资互相渗透。所以,关于体育场地设施建设的融资也应顺应时代的变化,广开渠道,吸引社会各界资金的参与。实现社区体育设施建设资金运作以政府为主导,社会参与多元化的机制。社区体育设施建设是为社区居民群众服务的社会公益性事业,应以政府为主导,政府是社区体育建设投资、管理的主渠道。但要适应计划经济向市场经济转型的要求,满足社区体育建设深入发展的需要,仅靠政府的力量是远远不够的,小区体育设施建设必须由一元化的资金运作机制向多元化的资金运作机制转化。

第二,必须理顺关系,在实际工作中不断完善社区体育场地设施建设的投资机制。现阶段,国家作为促进社区体育发展的主要力量,政府在此方面可以借鉴吸收西方国家在发展社区体育方面的先进经验。通过财政手段、土地转让机制等措施,鼓励有能力的企业组织参与到社区体育的建设当中。社区体育场地设施实现公益性和市场化,无偿使用设施与有偿使用设施相结合。同一居民社区成员的生活条件不同、兴趣爱好各异,呈现出健身活动明显的异质性,单靠有限的政府供给无法满足不同居民对更高层次体育设施的个性需要,建设有偿使用的健身设施是社区体育向纵深发展的必然要求。因此,对于不同条件的社区,应实行无偿使用与有偿使用体育场地设施有机结合方式。

第三,科学合理的资源配置指导思想。针对目前社区体育场地设施在资源配置方面存在的不合理现象,需要有关部门深入社区调查研究,了解各社区体育场地设施尚存在的具体情况,制订相应的资源配置方案,以消除社区体育场地设施建设中的"马太效应"。对老居民小区的改造,应有计划地补建一些受大众欢迎的公共体育设施,结合公共绿地建设和环境改造,在小区规划建设中除现有的一般大众健身设施外,还应建设一定数量的标准或不标准篮球场、羽毛球场等小型运动场,满足广大中青年特别是青少年的运动需求。

第四,充分利用城镇公共体育健身场地,对健身锻炼的社区居民进行分流。社区体育场地器材建设与公园、绿地、广场建设相结合,形成生态的健身场所或健身带。健身路径建设在公园里,使体育设施与公园绿地融合成一个有机的整体,满足公园附近居民的健身需求,在沿江沿河带上建设健身长廊,在广场上建设一定数量的健身设施,与广场绿地相结合,使广场"绿"起来,动起来,形成生态健身场所,成为一道风景线。如南昌市已建造大批免费开放公园、大型广场、绿地初具规模,这些措施是完全可行的,也是有效地解决因城区用地非常紧张,无法建设体育设施的矛盾。

4.3.2　加强体育场地设施的监督与管理

城市经济和城市人口的持续发展,给社区体育设施带来了巨大的压力。社区体育场地设施不足,设备老化破损现象严重,导致社区居民的体育锻炼需求得不到满足。虽然近年来国家陆续出台了一系列针对完善社区体育场地设施的政策法规,但是因为种种原因,很多社区内的体育设施仍破损严重,安全不达标等。首先,统一规划、管理和监督新建社区体育场地设施。一些正在开发的居民社区也只注重绿化,忽略了运动空间,一般没有或很少留出公共活动场所,不少开发商为实现经济利益的最大化,原规划中的体育设施建设严重缩水,规划与现实出现了较大反差,居民普遍感到公共活动场所相对狭小,活动场地设施太少,现在一般新建社区都有大众健身器材和儿童游乐场,而缺乏室内、室外场地,新建社区应统一规划、管理体育场地设施建设,并形成严格的监督和管理机制。因此,政府相关部门必须提高重视,加大社区体育场地设施的监管力度,为社区居民体育锻炼活动提供保障。

其次,深入开展落实社区体育场地设施的维修与保养工作。建立社区体育场地设施使用制度和维护制度。及时维护是实现小区体育场地设施价值最大化的条件保障,从目前的情况看,一些小区仍存在体育场地设施使用制度和维护制度不健全、不完善的现象,一些社区体育场地设施得不到及时、有效的维护,影响了居民的体育健身活动,因此,建立小区体育场地设施使用制度和维护制度是十分必要的。相关专业人员应定期对各社区内的体育设施进行全面的清理与检查。

最后,注重社区体育发展氛围的营造。"以人为本",科学规划,建立具有层次性和针对性的小区体育场地设施建设模式,满足居民多层次健身需要。按照小区居民的收入水平对小区体育设施进行分层次规划建设。根据小区居民经济承受能力和社区体育发展需要,本着节约、实效、共享的原则,配置与本小区居民经济条件发展相适应的体育设施,实行高档小区、人口多的小区设立标准高、功能全和集中建健身中心,而一般小区则重点建设健身路径和综合性健身性场地、器材。社区体育文化发展以体育设施为基础,通过各种机制营造健康、和谐的社区体育文化活动氛围。

第5章 案例分析

5.1 经济欠发达地区城市新建住宅区体育场地设施建设现状的调查与分析
——以南昌市为例

5.1.1 研究对象与方法

5.1.1.1 研究对象

以南昌市新建住宅社区居民为研究对象。本研究选择了南昌市 5 个新建住宅小区,共抽取了 457 位社区居民配合完成调查。

5.1.1.2 研究方法

(1)文献资料法。

笔者查阅了 50 多篇有关社区体育发展的国内外书籍、期刊、论文以及相关资料,同时收集了南昌市体育局有关社区体育方面的资料。

(2)问卷调查法。

①问卷的效度检验。采用特尔斐法,通过发放"指标内容效度调查表"形式,对从事社区体育方向的理论界专家进行了 2 轮指标内容效度函询。在最初确定的 26 个原始指标中,选择了 21 个,且每个指标的认证率都在 82.5% 以上。

②问卷的信度检验。本调查问卷在信度方面的检验采用再测法。时隔一个月后,对第一次接受问卷的部分社区居民再次进行问卷测量。测量信度系数 $R=0.93$,$P<0.01$,证明了问卷的可靠性。

③问卷发放与回收。调查实施之前,对发放问卷的相关人员进行了培训与指导。2013 年 4 月进行了问卷发放与回收工作,本次调查共发放问卷 593 份,回收 501 份,回收率达 84.5%,去除无效问卷后,有效问卷 457 份,有效率 91.2%(见表 5.1)。

表 5.1　南昌市新建住宅小区问卷调查情况统计表

序号	小区	发放数	回收数	回收率(%)	有效数	有效率(%)
1	南昌市红谷滩 丰和新城	124	100	80.6	94	94
2	南昌市红谷滩联泰 香域中央	116	103	88.8	93	90.3
3	南昌市红谷滩绿地 学府公馆	105	96	91.4	85	88.5
4	南昌市青山湖友邦 国际公馆	111	97	87.3	88	90.7
5	南昌市青山湖 大唐世家	137	105	77.6	97	92.4
	(合计)	593	501	84.5	457	91.2

(3)数理统计法。

研究的所有数据采用 Excel、SPSS19.0 进行统计分析,对所有数据进行整理和统计学分析处理。

5.1.2　结果与分析

5.1.2.1　新建社区体育场地经费来源情况分析

通过对南昌市 5 个新建住宅小区体育场地设施的实地走访,作者了解到新建住宅小区体育场地设施的资金来源是多渠道的。其中,占最主要地位的是体育彩票公益金和小区开发商这二者,分别是 22.5% 和 25.3%(见表 5.2);其次,政府拨款和体育主管部门的拨款也占有一定的比例。在资金的解决问题上,各社区根据相应的情况略有不同:有的小区注重依靠企业赞助;有的小区则发动居民集资;也有些小区因为没有筹集到资金,干脆不组织、不参与体育锻炼。

表 5.2　南昌市新建住宅社区体育场地设施建设资金来源情况

资金来源方式	所占百分比(%)
体育彩票基金	22.5
开发商投资	28.3
财政拨款	18.7
体育主管部门拨款	11.6
民间集资	6.3
社会捐赠	3.7
其他	8.9

另外调查显示,有 61% 的居民认为目前南昌市新建住宅小区体育场地设施的经费十分缺乏。究其原因:

第一,当前江西省经济发展相对落后,是导致社区体育发展经费不足的重要原因;

第二,南昌市社区体育还处于发展的初级阶段,运转缓慢;

第三,政府职能部门的重视程度不够,社区体育发展缺乏政策上的支持。

5.1.2.2　新建社区体育场地设施情况分析

社区的体育场地设施是社区体育发展的物质基础。随着经济的发展和人民生活水平的不断提高,体育锻炼逐渐成为人们日常生活中不可或缺的一部分。城市居民的体育活动多集中在小区附近,因此对社区体育场地设施提出了更多的要求。

全国第 6 次体育场地普查结果表示,南昌市体育场地的情况(见表 5.3)。由表 5.3 可知,南昌市市区共有健身体育场所数量 1883 个,其中青山湖区和西湖区占 1039 个,说明南昌市的体育场地主要集中在青山湖区和西湖区。造成此种现象的原因,一方面是人口的分布影响了健身场所的设置;另一方面,南昌市的大部分中小学都集中在这 2 个区,是这些地区体育场地偏多的另一原因。

表 5.3　南昌市各区体育健身场所一览表

各区	东湖区	西湖区	青山湖区	青云谱区	湾里区	(合计)
健身场所数量	322	594	445	281	241	1883

根据南昌市体育局对南昌市部分新建住宅社区的居民对该社区内体育场

地设施情况的满意度调查结果显示,有 113 人认为体育场地十分充足的,占总数的 24.1%,认为场地条件和数量一般的有 142 人,占 31%,认为不充足的有 202 人,占 44.2%。

从以上数据不难看出,南昌市新建住宅小区居民对社区内体育场地设施并不十分满意,场地设施数量有限,一方面是政府对此不够重视,对公共体育场地设施资金投入不足,没有完全落实好国家的全民健身计划政策制度;另一方面,有相当比例的开发商将社区体育设施作为小区销售的亮点,用运动健身场所来吸引顾客的眼球,然而销售后却并不进行长期的管理,造成体育场地设施的浪费和损失。

5.1.2.3　新建社区体育场地设施使用及保养情况分析

笔者通过实地走访南昌市部分新建社区得知,社区内的体育健身路径完全可以使用的达到 55.3%,大部分可以使用的占 22.1%,仍然有 5.7% 是已经不能使用的;这些健身路径中,每周定期有专业人员进行清洗、保养的占 13.5%,每月定期清洗一次的占 20.2%,每年维修一次的也高达 10.7%,而 2 年维修一次的占 3.8%,仍然有高达 15.6% 的健身设施从来没有进行过维修与保养。综合以上 2 组数据,南昌市新建社区内体育健身路径大部分还是有进行维修、保养的,整体平均达到每季度一次,当然也存在某些社区的健身路径从来没有得到维修的现象。这也说明了目前南昌市新建住宅小区的体育设施没有得到有效的保养和维护,急需有关领导部门的进一步调查、了解,积极调动开发商参与体育设施管理的动力与兴趣,促进南昌市新建住宅小区社区体育的健康发展。

对新建社区内体育设施进行维修与保养的工作人员中,物业公司的工作人员占总数的 35.3%,再次是社区内部的工作人员,占 30.1%,体育相关部门派专业人员来社区进行维修的占 6.7%,仍然有 12.5% 的体育设施是无人维护的。从以上数据了解到,对社区内体育设施进行维修与保养的工作人员并不都是专业的,这使得小区内的居民对社区内的体育建设使用存在安全隐患。

5.1.3　对策与建议

5.1.3.1　促进社区体育场地设施发展,资金筹集多元化

资金问题是困扰南昌市新建住宅社区体育场地设施发展的重要因素之

一。当前,南昌市新建住宅社区体育场地建设资金来源主要是体育彩票公益金、政府财政拨款、小区开发商等,尚不能满足体育场地设施的建设与维护,制约了社区体育活动的正常有序进行。在社区体育场地设施建设的资金问题上,应坚持国家投入与民间筹资相结合的方式,政府相关单位进一步加大对社区体育场地设施的资金投入,才能从根本上解决资金不足的问题。积极动员各相关单位和企业社团组织参与社区体育的发展,拓宽社区体育资金的融资渠道,同时鼓励有条件、有实力的社区组织通过自身的合法经营获得长远的发展。

5.1.3.2　加强新建住宅社区体育场地设施的建设

体育场地设施是体育活动得以进行的物质必备条件。从南昌市新建住宅社区的体育场地设施来看,无论是数量上还是质量上场地设施都存在不足。资金问题固然是制约社区体育发展的重要因素,但是能否合理分配利用筹集的资金显得更为重要。政府作为社区体育场地设施建设与管理的主导部门,应积极吸取国外在社区体育建设方面的有利经验。通过政府行政手段有效干预社区体育场地的建设,同时厘清社区体育场地建设各团体的利益关系;依据各社区体育场地建设的实际情况,因地制宜、科学合理地配置社区内有限的体育场地资源;进一步加大体育彩票公益金的投入。

5.1.3.3　充分利用学校体育资源

南昌市的中小学校体育场地资源相对丰富,但这些资源在周末和节假日都处于闲置状态,没有得到有效利用。从南昌市目前的实际情况看,学校体育场地设施利用率偏低,多数学校考虑到学校体育设施对外开放会影响到正常的教学秩序,甚至关系到学校的治安安全,所以在校园体育资源对社会开放这一问题上都采取了保留意见。针对这一现象,南昌市政府的相关机构应引起足够的重视,采取合适的方式进行协调,为学校体育资源的对外开放搭建沟通的桥梁。

5.2 "健康中国 2030"战略下政府公共体育产品供需问题研究——以公共体育场馆为例

5.2.1 公共体育产品供求模型的建立

供给与需求是使市场经济运行的重要力量,它决定了每种商品的价格及其产量。供给是指市场上供应的产品量;需求是指有支付能力的社会需要。在市场经济运行过程中,任何一种商品都有其特有的市场供给与需求曲线,这两条曲线的交点即供需均衡点。供需均衡点表示在这一点上供给与需求达到了平衡。供需均衡点所对应的是均衡价格和均衡数量。

根据经济学的需求供给理论,建立公共体育产品的供给-需求模型。

$$Q^d = f(P) = \alpha - \beta \times P \tag{1}$$

$$Q^s = f(P) = -\delta + \gamma \times P \tag{2}$$

$$Q^d = Q^s \tag{3}$$

其中,Q^d、Q^s 分别代表城市居民对公共体育产品的的需求数量与供给数量;α、β、δ、γ 为常数,均大于零;P 为公共体育产品的收费价格。

一般来看,影响城市居民对体育产品影响因素主要有居民收入水平、居民体育锻炼意识、公共体育产品价格等。本书假定除了产品价格外,其他条件不变,因此,可以得到一条向右下方倾斜的公共体育产品需求曲线。并且由于公共体育产品一般都由国家政府组织出售,不存在供给限制的因素,所以公共体育产品的供给曲线是一条平缓向右上方倾斜的曲线。在整个公共体育产品的供求市场中,某产品的价格越低,意味着选择该产品的城市居民人数越多。即对任何个人而言,某产品价格越低,其选择该产品消费的概率就越大,反之则相反。如图 5.1 所示,供求双方的交点 E_0 为均衡点。此时 P_0 为均衡价格,Q_0 为均衡数量,供给弹性小于需求弹性。由于现行公共体育产品的供给运行体制,政府部门在产品的运营中干预过多,使得公共体育产品的价格受市场因素的影响相对较小,受政府政策及资金支持力度的影响较大。因此,供给价格的高低从某种程度上反映了政府对该体育产品在资金上的支持力度。

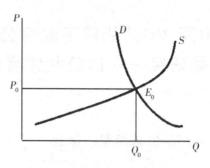

图 5.1　公共体育产品供求模型

公共体育场馆是重要的体育产品之一，在人们的日常体育锻炼中扮演重要角色。我国城乡居民参与体育活动情况的调查表明，缺少场地设施是制约居民参与体育锻炼活动的主要因素之一。满足市民对公共体育场馆的需要，这是提高广大市民生活质量和文化生活水平的前提保证，符合党的十八大提出的关于改善民生的重要内容，同时对于扩大内需，推动我国经济的可持续发展具有积极的促进作用。然而，新建一个公共体育场馆需耗费巨额的资金，普通个人甚至一般的社会组织根本无法承担，这就决定了政府在建设过程中必须承担主要角色。但是，单纯地依靠政府行为，很难满足不断发展的社会需求。公共体育场馆的供给与需求特征符合图 5.1 的供求模型图。因此，本书以公共体育场馆为支点研究整个公共体育产品供求关系可以成立。

5.2.2　公共体育产品需求状况分析

5.2.2.1　收费价格抑制需求

公共体育产品作为市民体育锻炼的主要载体，其收费价格直接影响市民参与锻炼的积极性。现阶段以体育场馆为例，收费过高，是阻碍许多人运动的一大障碍。江西省体育局群体处 2014 年的一项调查（表 5.4），61.2% 的市民只会选择去免费开放的公共体育场馆锻炼。25.7% 的市民认为，他们能接受的单次体育活动消费价格必须控制在 20 元以内。其中可接受价格在 21～100 元的市民所占比例是 8.3%。而只有 4.8% 的市民认为单次消费超过 100 元可以接受。通过进一步了解，高达 91.5% 的受访者认为当下场馆的收费价格偏高，甚至贵得让市民运动不起。

假设一个家庭的消费支出由生活必需品支出和奢侈品支出构成,那么体育类消费应该归属于奢侈品支出。正常情况下,奢侈品的需求价格弹性较高,加之人们对未来生活的不确定性,势必导致对奢侈品(体育类消费)的边际消费倾向降低。这样最终造成这类市场的有效需求不足。

表 5.4　单次体育运动可以接受的场馆消费价位一览表($N=976$)

	人数	百分比(%)	累计百分比(%)
0 元(免费)	598	61.2	61.2
20 元以下	251	25.7	86.9
21～100 元	81	8.3	95.2
101 元以上	46	4.8	100.0

备注:数据来源:2014 江西省体育年鉴[M].江西:江西省体育局出版社,2015.

5.2.2.2　收入水平现状导致有效需求不足

从经济学角度分析,形成对公共体育产品的有效需求,必须具备两方面的条件:一是居民要具有进行身体锻炼的愿望;二是居民具有参与消费的能力。形成有效的需求,这二者缺一不可。消费能力的强弱直接影响居民进入公共体育产品的消费量高低。

2010 年,我国城乡居民的人均年收入是 19244.17 元,相比较 10 年前虽有所提高,但与国际相比,差距仍较大,如瑞士人均年收入 39880 元,美国376105 元,英国 28350 元。

2012 年 12 月,联合国国际劳工组织的一项收入调查显示:中国员工的平均月工资为 338 美元(人民币 2134 元),而这次调查结果显示的平均收入是1480 美元(人民币 9327 元)。我国居民收入水平不仅整体偏低,收入差距扩大也影响着城市居民的消费。基尼系数可以反映一个国家收入差距水平。如表 5.5 所示,不同的系数代表着相应的收入差距情况。自 2000 年以来,我国基尼系数一直维持在 0.45 以上。很明显,现今我国的收入差距较大,并且这种现象在短期内还很难改变。收入水平总体偏低,收入差距的扩大,伴随着物价的几次大幅度上涨,通货膨胀的日益加剧,居民的消费水平并没有提高。因此,城市居民不可能在体育锻炼方面投入过多资金。

表 5.5　基尼系数情况简表

系数	收入差距情况
>0.2	绝对平均
0.2—0.3	相对平均
0.3—0.4	差距比较合理
0.4—0.5	差距较大
>0.6	收入差距悬殊

5.2.2.3　锻炼意识淡薄控制需求

近年来,国家政策大力支持与倡导体育运动,部分城市居民也逐渐改变原先的"无病即健康"的思维意识,开始了"花钱买健康"的生活方式,但是大部分城市市民参与体育锻炼意识仍然不足。在一个家庭收入不高的情况下,花费过多的钱用于体育锻炼,会被视为是一种奢侈和浪费的行为。这种传统的思想观念阻碍了中国城市居民对体育运动的投入。据一项报道:目前,我国城市中有 67.1% 的人没有去过公共体育场馆。2015 年,有人对大连市金州区的某公共体育场馆进行调查,这个占地约 5400m² 的场馆,人均场地面积达到 0.8m²。但是进一步调查发现,每天真正使用这 5400m² 场地的人次却不足 150 次,即每天人均使用场地面积超过了 36m²。在公共体育场馆的供需关系中,需求不足严重影响了公共体育场馆的使用率。如图 5.2 所示,有效需求的降低促使需求曲线向左移动,均衡点从 $E_0(Q_0;P_0)$ 移动到 $E_1(Q_1;P_1)$,Q_1 小于 Q_0,选择去公共体育场馆参与体育锻炼的人数显著减少,公共体育场馆的收费价格也会因为需求市场的不景气而下降。然而城市居民不会因为公共体育场馆的收费降低而选择场馆进行身体锻炼,相反,居民会因为场馆的服务质量、锻炼环境的不理想而拒绝参与。这就造成了需求曲线向左移动幅度的增大,锻炼人数的进一步减少,公共体育场馆市场更为萧条。

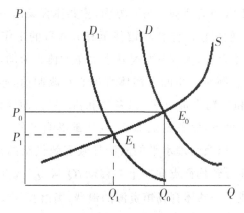

图 5.2　有效需求不足影响场馆服务效率

5.2.3　公共体育产品供给状况分析

5.2.3.1　供给总量不足

以体育场馆为例,截至 2010 年底,我国各类体育场地面积已超过 100 万个,但是按照人均计算,我国每万人拥有 6.58 个体育场馆,然而发达国家每万人拥有约 200 个体育场馆。有人在 2012 年初之际,对鄂、赣、湘、苏四省的公共体育场馆进行了调查,发现这四省公共体育场馆对外开放每天不足 6 小时的占 26.6%,同时每天开放不足 8 小时的也有 15.4%,也就是说目前这四省仍然有将近 1/2 的场馆日对外开放时间不足 8 小时。公共体育场馆供给数量有限,加之相当数量的场馆对外开放时间不足,是导致市民需求得不到满足的主要原因。特别是随着城市经济的发展,城市人口数量的不断增长,实现公共体育场馆供需均衡面临更大的挑战。

5.2.3.2　供给管理水平不高

公共体育产品,不单纯是经济商品,它有非营利政府供给因素。例如体育场馆作为体育行政部门的下属事业单位,其经营权并未完全实现独立,经营决策要得到上级部门的批准,受政府干预影响较大。一方面,基于公共体育场馆地位的特殊性,其不仅要满足城市居民体育锻炼的需要,还要配合有关部门的竞技体育训练。大量的竞技训练和比赛挤占了公共体育场馆对外开放的时间,影响了场馆的正常经营活动。另一方面,公共体育场馆一直存在工作人员过多的现状,一个一般规模的体育场馆甚至有五六百的工作人员。同时人员的结构设置也十分不合理,大部分只是从事简单的体力劳动,而技术与管理方面人才则十分稀缺。例如广州的天河体育中心在改制前,拥有工作人员 453人,其中行政人员和后勤人员过多,二者之和占 61%,而经营人员只占 6%。另外,工作人员素质低下,服务意识不够,也严重影响了公共体育场馆的运营收益。供给主体单一以及管理水平的限制导致有效供给的减少,如图 5.3 所示:有效供给的减少导致均衡点向左上方移动,Q 从 Q_0 减少到 Q_1,价格却从 P_0 上升至 P_1,造成了公共体育场馆资源的浪费、场馆服务效率的低下。

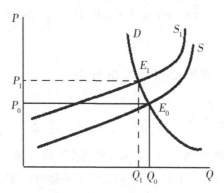

图 5.3　公共体育场馆服务效率损失导致失衡

5.2.3.3　税费负担影响供给运行

政府在公共体育场馆运行中扮演了极其重要的角色,它既是场馆的重要供给者,也是其运行机制的管理者,因此,政府政策的推出在很大程度上影响了供求双方的预期。1994 年,我国税制改革之后,规定公共体育场馆必须和其他经营单位一样按照税法中的相关规定纳税。目前,公共体育场馆需缴纳的税费有:门票收入(征收 5% 的营业税)、场地出租费(征收 12%~17% 的房产税)等。特别是,将高尔夫、射击、保龄球、台球、跑马等健身项目纳入娱乐业项目中,根据娱乐经营场所征收 20% 的税。税费负担过重,从业者的积极性受挫,这给公共体育场馆运营带来更大的困难。如图 5.4 所示:公共体育场馆税费负担沉重以及城市市民收入水平的限制导致供求曲线同时向左移动,双重的效率低下在供求弹性不同的影响下,均衡点由 $E_0(Q_0,P_0)$ 移动到均衡点

$E_1(Q_1,P_1)$。一方面导致公共体育场馆使用效率的下降；另一方面由于参与消费的人数的减少，导致收费价格上涨，而价格的上涨，进一步将有消费欲望的城市居民拒之门外。这样就形成了一个价格不断上涨、消费人数不断减少的恶性循环局面。

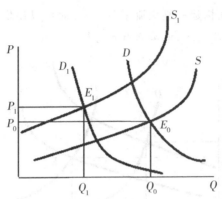

图 5.4　政府支持不足影响场馆服务效率

5.2.4　实现公共体育产品供求均衡的路径

现阶段我国公共体育产品存在供给不均衡的问题，不仅对国家公共财产造成极大浪费，同时也阻碍了城市市民体育健身活动的顺利开展。根据微观经济学中供求关系的理论知识，供求均衡点的运动方向主要取决于供给及需求曲线的位置及其移动方向。但是，如果仅从供给或需求单方面进行改进，由于供求曲线的弹性特点以及运动规律，可能导致资源的更大浪费。只有将供给与需求结合进行分析才能协调发展，实现供求双方的平衡，达到效用最大化。

5.2.4.1　创新政策引导，扩大宣传力度

实现信息的有效沟通，既能保证公共体育产品的供给质量，又能提高产品的使用率，使公共体育产品的供给水平上升。国家要继续坚持新政策的引导机制，通过国家财政的大力支持，加强公共体育产品与体育主管部门和当地政府的交流。除了要充分发挥政府的支持与管理职能外，还可以与当地企业、社会团体等开展合作，鼓励企业职工参与体育锻炼。加大对公共体育产品的宣

传,扩大其社会影响力,提高市民对体育的锻炼预期。如图 5.5 所示:供给曲线向右移动,需求曲线也向右移动,均衡点由 $E_0(Q_0,P_0)$ 移至 $E_1(Q_1,P_1)$ 达到新的均衡。以体育场馆为例,场馆的收费价格与选择场馆进行身体锻炼的市民人数都有所提高,且人数的增幅明显大于价格的增幅。可见在公共体育产品的供求双方中间构建一座交流平台,一方面可以使供给的有效性得到提高,另一方面可以刺激需求,该策略有效可行。

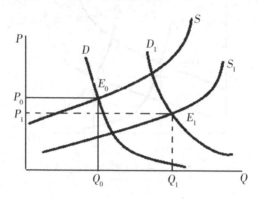

图 5.5　公共体育场馆供求达到新的均衡

5.2.4.2　鼓励供应,构建激励相容机制

　　国外在解决公共体育产品供求矛盾的问题上常常是通过政府制定相应的制度来实现的。首先,通过激励机制,使得提供量多质优的公共体育产品获得更多的收益,从而达到制约某些产品因过分追求经济利益而忽视社会公益的行为。其次,根据当地政府的体育发展目标,合理配置有限的公共体育资源,相关部门下放管理权力,使公共体育产品拥有更多的自主配置权。最后,放宽限制性条件,吸收更多社会资源进入公共体育建设领域,激励不同的社会组织无论选择营利组织形式或非营利组织形式,都注重场馆的社会公益性。政府通过利润驱动机制实现对营利性组织建馆的监控与督查。激励建设者科学、合理地开发、组建公共体育产品,既不过度浪费,也不敷衍了事,使投资者获得最大回报的同时保证公共体育产品供给也处于最佳水平。激励城市市民选择适宜的公共体育产品进行锻炼,既不放弃个人的基本锻炼需要,也不过度需求挤占他人的正常需要。应该按照个人的实际情况,最小限度地限制个人使用公共体育产品的选择权,达到激励的目的。

5.2.4.3 以人为本,合理定价

公共体育产品可针对顾客的需求特征和价格弹性实行差异收费。通过再次细分消费者市场:一方面使那些对价格敏感较高的顾客在某些限制性条件下实行低收费;另一方面对那些对价格不敏感的顾客实行全额收费。这种划分的重要意义是:通过价格藩篱将"愿意并且能消费起的顾客"和"希望获得相对较低的消费价格而改变自己消费方式的顾客"相区别,这样可以最大限度地开发潜在的市场需求,提高公共体育产品的经营收益。以羽毛球场出租为例,如果只有单一的价格。

5.2.4.4 调整税费政策,优化运营环境

体育产业被誉为新时期的朝阳产业,作为新兴产业,需要国家和政府部门的大力支持。公共体育产品是为群众提供健身服务的特殊商品,其日常收入来源主要是从事多种经营,因此经济效益相对较差。公共体育产品的经营现状迫切需要政府部门加大在税收方面的扶持力度。相关税务部门可根据公共体育产品所在地的经济发展水平和社会因素的不同,进行差异征税。也可针对不同的项目实行差别征税,对高尔夫、射击等高消费项目实行高收税;而对大众型的消费项目采取减征或免征的方式。在调整税费政策的基础上,不断完善体育市场相关管理法规,构建公共体育产品的供给和服务体系。

第6章 结论与工作方向

6.1 结 论

6.1.1 农村体育场地设施后期维护和农村体育人才培养有待加强

第一,农村体育硬件条件和农民体育健身认识得到改善。工程整体覆盖率已达到43.3%,农村体育场地设施逐步改善,农民对体育健身意识不断提高。

第二,农民锻炼效果明显提高,体育消费和体育项目多元化。农民参加体育锻炼的频率和时间都有明显提升,农民体育锻炼项目的选择日益多元化,农民体育消费总量不断增多、结构日益优化。

第三,基层政府在工程后期的维护和管理存在问题。对于已建工程和农民健身,环鄱阳湖生态经济区多数行政村和乡镇无管理法规、制度。

第四,部分基层政府工程后期的维护资金缺乏。基层行政村政和乡政府部门经济能力有限,导致工程处于工程"无人维护"的状况。

第五,扎根基层的体育人才匮乏。环鄱阳湖生态经济区也存在体育人才缺乏的问题,基层农村难引进体育人才,引进的人才难以扎根农村。

第六,南昌市作为鄱阳湖的核心地区,"农民体育健身工程"的实施取得了丰硕的成果。南昌市实施"农民体育健身工程"的经验,为鄱阳湖生态经济区其他农村提供借鉴。

6.1.2 城市体育场地设施供给不平衡

第一,城市体育场地设施存在建设不足、被占用、后期保养与维护不到位等问题,这些是制约当前南昌市新建住宅社区体育发展的重要因素,不仅影响体育健身活动的开展,更关系到南昌市体育产业的进一步发展。

　　第二,加快社区体育场地设施建设力度。必须全面贯彻落实国家的全民健身政策纲要,坚持城市体育发展以社区为突破点的思路。首先,要解放思想,拓宽社区体育设施的融资渠道,不断加快社区体育场地的建设力度。其次,必须理顺关系,在实际工作中不断完善社区体育场地设施建设的投资机制。

　　第三,加强体育场地设施的监督与管理。城市经济和城市人口的持续发展,给社区体育设施带来了巨大的压力。社区体育场地设施不足,设备老化破损现象严重,导致社区居民的体育锻炼需求得不到满足。虽然近年来国家陆续出台了一系列针对完善社区体育场地设施的政策法规,但是因为种种原因,很多社区内的体育设施仍破损严重,安全不达标等。

6.2　建　　议

6.2.1　提高农村体育场地设施的后期维护力度,加大农村体育人才的供给

　　第一,行政村和乡镇政府要提高重视程度。鄱阳湖生态经济区要借鉴南昌市的成功经验,行政村和乡镇政府要提高对农民体育健身工程的重视程度,将农民体育健身工程的开展列入各级领导干部的考核指标中。

　　第二,保证环鄱阳湖生态经济区农村体育场地建设用地。处理好农民体育健身工程建设与新型城镇化的关系,保障项目的落地。将体育健身工程的开展作为地方政府新型城镇化的重要指标,为拓展农民体育健身工程覆盖面提供保障。

　　第三,重视"本土"人才的培养。解决农村体育人才问题,加快从农民中培养扎根农村的社会体育指导员和体育爱好者,在鄱阳湖生态经济区广大农村建立高校体育专业实习基地,为农民体育运动开展注入人才。

　　第四,建立与完善乡镇和行政村的体育管理体制。行政村以及乡镇体育负责人应对农民体育健身的任务细化,制定合理的制度,保障工程的实施效果,促进农民体育健身工程良性发展。

　　第五,行政村和乡镇政府要结合鄱阳湖的地理条件,做好工程分类规划布

局。积极利用"环湖"优势,实现体育项目的"精细化",针对不同年龄、不同性别,乃至不同收入的群众,根据他们的需求,实施不同的体育项目。

第六,充分发挥基层"第三方"群众体育协会的作用。尊重农民的"主体地位"和"创造精神",充分发挥体育协会对"农民体育健身工程"的推动作用,使其参与农村体育活动的组织,增强"农民体育健身工程"的活力。

6.2.2　加快社区体育场地设施建设力度,加强体育场地设施的监督与管理

第一,加快社区体育场地设施建设力度。必须采取有效的措施解决南昌市新建住宅社区体育场地设施存在的问题,促进社区体育的蓬勃发展。

第二,加快社区体育场地设施建设力度。针对目前社区体育场地设施在资源配置方面存在的不合理现象,需要有关部门深入社区调查研究,了解各社区体育场地设施尚存在的具体情况,制订相应的资源配置方案,以消除社区体育场地设施建设中的"马太效应"。

第三,加强体育场地设施的监督与管理。政府相关部门必须提高重视,加大社区体育场地设施的监管力度,为社区居民体育锻炼活动提供保障。其次,深入开展落实社区体育场地设施的维修与保养工作。相关专业人员应定期对各社区内的体育设施进行全面的清理与检查。最后,注重社区体育发展氛围的营造。社区体育文化发展以体育设施为基础,通过各种机制营造健康、和谐的社区体育文化活动氛围。

6.3　进一步工作的方向

《"健康中国 2030"规划纲要》是近些年推进健康中国建设的行动纲领。要坚持以人民为中心的发展思想,牢固树立和贯彻落实创新、协调、绿色、开放、共享的发展理念,坚持正确的卫生与健康工作方针,坚持健康优先、改革创新、科学发展、公平公正的原则,以提高人民健康水平为核心,以体制机制改革创新为动力,从广泛的健康影响因素入手,以普及健康生活、优化健康服务、完善健康保障、建设健康环境、发展健康产业为重点,把健康融入所有政策,全方位、全周期保障人民健康,大幅提高健康水平,显著改善健康公平。全民体育健身的短板,只有将 14 亿居民体育健身搞起来,全民健身运动才真正地得以

实现。如何促进农村居民体育健身较好地发展，提升农民群众的身体素质，将是笔者进一步的研究打算。

（1）本论文虽然从供求关系视角分析了农村和城市公共体育产品的供给情况，但是还是不够全面，一些问题的阐释还是不够，尤其是在论证环鄱阳生态经济区实施农民体育健身工程后农村体育活动变化情况还是缺乏大量的实例，调查的数据量也不够大，这也是将来需要进一步研究的方向。

（2）通过查阅大量相关的文献和资料，实地调查部分建成城市新建住宅体育场地设施，对城市居民社区体育设施调查范围不够大，同时由于笔者现有的理论知识掌握程度的浅薄，研究能力、研究经费、研究条件与环境等方面的制约，使得本书的体系结构和论证的深度有所限制。

总之，基于经济学的供求关系视角研究政府公共体育产品供需平衡理论是一项大的系统工程。不但需要深厚的理论知识，更需要对环鄱阳湖生态经济区"农民健身工程"实施的由来、实施过程和实施现状有深刻的认识和考察，同时还需要对城市公共体育设施有更大范围的调查。由于笔者能力限制，本书中一些问题的调查数据量和分析不够全面、深入，从而导致研究难免存在一些不足和不成熟的地方，提出的建议也非常有限，有不妥和疏漏之处，敬请指正。

参考文献

专著类：

[1]刘志敏等.农民体育健康工程与和谐社会[M].沈阳：辽宁大学出版社,2009.

[2]任海.国外大众体育[M].北京：北京体育大学出版社,2003.

[3]刘巍.新农村体育事业发展问题研究[M].黑龙江：中国物资出版社,2009.

[4]刘林箭,张毅.新农村体育指导[M].四川：四川大学出版社,2008.

[5]中国群众体育现状调查课题组.中国群众体育现状调查与研究[M].北京：北京体育大学出版社,1999.

[6]中国群众体育现状调查课题组.中国群众体育现状调查与研究[M].北京：北京体育大学出版社,2005.

[7]裴立新.全面小康社会多元化全民健身服务体系的研究[M].北京：北京体育大学出版社,2006.

[8]李剑阁.中国新农村建设调查[M].上海：上海远东出版社,2007.

[9]田雨普,等.农民体育发展战略研究[M].江苏：南京师范大学出版社,2009.

[10]国务院研究室科教文卫司.国家体委政策法规司[M].体育经济政策研究.北京：人民体育出版社,1997.

期刊类：

[1]朱党培,张文忠.关于建立我国农村社区健身俱乐部问题的理性思考[J].体育与科学,2006,27(3)：13-16.

[2]郑文海,杨建设.西北地区乡镇社会体育组织现状与发展对策[J].西安体育学院学报,2006,3(3)：47-50.

[3]孙宏建,张厚福.实施农民体育健身工程应以学校为基地乡镇为中心[J].武汉体育学院学报,2007,40(5):18-21.

[4]许月云等.新农村建设中农民体育健身工程与发展策略[J].北京体育大学学报,2007(11):17-19.

[5]刘江山,郑志磊.农民健身工程——对建设社会主义新农村的思考[J].重庆工商大学学报(自然科学版),2008,24(6):303-305.

[6]林俊,陈晶.农民健身工程建设与发展策略[J].贵州教育学院学报(自然科学),2008,19(9):65-67.

[7]王智慧,刘志敏,何满龙.我国核心区域"农民体育健身工程"实施效果——来自北京农村的调查研究[J].山东体育学院学报,2009,25(3):24.

[8]袁文惠.我国新农村体育健身工程的实施状况与发展策略[J].西安体育学院学报,2009,26(4):400-401.

[9]许月云,许红峰.新农村建设中农民体育健身工程效应的研究[J].山东体育学院学报,2009,(3):29-32.

[10]丁月兰.辽宁省"农民体育健身工程"实施过程中存在问题及其策略研究[J].内蒙古体育科技,2010,22(7):2,5.

[11]朱云,李凤芝,刘玉,等.对安徽省"农民体育健身工程"实施现状与影响因素的研究[J].喀什师范学院学报,2010,31(3):67-70.

[12]黄文辉,万义.湘西农民体育健身工程的实施现状及对策研究[J].山西师大体育学院学报,2010,25(3):16-17.

[13]刘江山,邰崇禧.江苏太湖周边地区农民体育健身工程现状及对策[J].体育成人教育学刊,2010,26(3):32-34.

[14]关博,董新秋.对影响我国农民体育健身工程实施效果若干因素的研究[J].体育与科学,2010,31(1):61-63.

[15]张传义,任保国.新农村农民体育健身工程实效性建设的社会价值研究[J].体育与科学,2010,31(3):56-59,68.

[16]王明立,周云涛,任保国.农民体育健身工程的人文价值及其实现途径[J].体育与科学,2010(4):19-20.

[17]陈星潭,徐永峰.广东省农民体育健身工程的实施效果[J].体育刊,2010,17(5):30-33.

[18]于洋,李淑红.黑龙江省农民健身工程实施现状与对策研究[J].哈尔滨

体育学院学报,2010,28(3):65-67.

[19]胡富松,王博文.民族传统体育在海南农民健身工程中应用现状的调查研究[J].琼州学院学报,2011,17(5):67-68.

[20]韩希刚.铁岭市农民健身工程实施现状和对策研究[J].运动,2011(8):150-151.

[21]夏冬,刘志敏,李丽.新生代农民工体育与农民体育健身工程研究[J].体育成人教育学刊,2011,2:14.

[22]张福利.农民体育健身工程 GIS 系统设计与实现[J].吉林师范大学学报(自然科学版),2011,7:118.

[23]刘汉生.以基层自治的重建加快农民体育健身工程建设[J].山东体育学院学报,2011(12):63-69.

[24]吴姜月,宋巨华,宋毅林,等.江苏省农民健身工程运行机制的研究[J].山西师大体育学院学报,2012,26(6):28-30.

[25]阳红林,甄娟,刘志敏.农民健身工程实施后全民健身运动的发展——以河南省为个案[J].中国成人教育,2012(4):105-107.

[26]庆旋,侯代贵,胡庆山.新农村建设中"农民体育健身工程"的实施现状、制因、展望及对策——以湖北省部分试点行政村为例[J].中国体育科技,2008,44(6):10-14.

[27]孟凡杰,谭作军,高泳.我国"农民体育健身工程"的调查研究——以河南省试点为例[J].中国体育科技,2008,44(4):116-119.

[28]陈章玉,张志扬.我国发达省份农民体育健身工程实施现状的调查分析——以福建省八市为例[J].北京体育大学学报,2009,32(10):39-41.

[29]赵敬华,邓梅花,任保国.农民体育健身工程实效性实施对促进农村经济发展的策略[J].体育学刊,2010,31(3):58-62.

[30]顾伟民.农民体育健身工程实效性建设提升农民幸福指数的实证分析[J].体育与科学,2011,32(1):60-63.

[31]肖建国.城市社区体育场地设施现状调查——以河北省为例[J].体育成人教育学刊,2010(4):50-56.

[32]范振国.广东省构建全民健身服务体系中群众性体育活动网路的研究[J].山东体育学院学报,2009(1):11-13.

[33]吴红雨;范美玉;刘兴杰.非营利体育组织价值一致性的案例研究[J].东

华理工大学,2013(4):502-506.

[34]唐忠新.关于社区体育社会化的思考[J].体育文化导刊,2009(11):103-106.

[35]李相如.我国城市社区实施全民健身工程的现状与对策研究[J].体育科学,2011(9):67-72.

[36]张吉慧.我国社区体育场地设施建设与社区体育的发展[J].体育文化导刊,2008(7):53-58.

[37]赵春珍.临汾市城市社区体育场地设施存在问题[J].山西师范大学学报,2010(12):49-52.

[38]刘烨.中大型体育场馆运营管理研究.武汉体育大学学报,2014,12(1):51-54.

[39]朱正清.马克思的供求理论与价格[J].当代经济研究,1997(3):43-46.

[40]姚绩伟,王华.公共供求关系视域下的城市社区体育公共服务分层及特征分析[J].北京体育大学学报,2015,16(5):83-86.

[41]易剑东.中国体育公共服务研究[J].体育学刊,2012,12(2):1-10.

[42]傅钢强.大数据时代体育场馆余裕时间的利用[J].上海体育大学学报,2016,4(11):12-16.

[43]郑志强,陶长琪.我国城市大型体育公共服务设施供给问题研究——基于非对称信息委托代理模型的分析[J].北京体育大学学报,2012,35(7):24-28.

[44]王中华.我国大型体育场馆运营管理存在问题及优化策略研究.体育科技,2013,8(5):110-113.

[45]田晓耕,殷晓红.如何运用分析模型规避价格风险[J].企业管理,2010,49(4):75-76.

[46]ROBIN AMMON JR Who benefits from the presence of professional sports team? The implications for public funding of stadium and arenas[J].Washington Public Administration Review 2007 ,58:145-155.

[47]王雪林.体育场馆运营管理效力及对策研究[J].体育学刊,2016,34(9):93-95.

学位论文类:

[1]宁丽娟.重庆市农民体育健身工程的实效性研究[D].重庆:西南大

学,2011.

[2]吴昊.《实施农民体育健身工程背景下信阳市农村体育现状调查研究》[D].开封:河南大学,2011.

[3]叶明.湖北省"农民体育健身工程"实施效果研究[D].武汉:武汉体育学院,2012.

[4]曲雪.山东省农民体育健身工程对新农村体育建设影响的实证研究[D].济宁:曲阜师范大学,2012.

[5]孔庆波.山东省"农民体育健身工程"实施效果研究[D].大连:辽宁师范大学,2009.

[6]高丽红.山东省农村体育资源的现状及开发与配置的对策研究[D].济宁:曲阜师范大学,2011.

[7]魏昆仑.山东省农民体育健身工程的建设现状及策略研究[D].济宁:曲阜师范大学,2008.

其他:

[1]国家体育总局.关于实施农民体育健身工程的意见[Z].2006.

[2]国家体育总局,国家发改委,财政部."十一五"农民体育健身工程建设规划[Z].2007.

[3]国家体育总局.关于实施农民体育健身工程的意见[Z].2006.

[4]国家体育总局、国家发展和改革委员会、财政部关于下发《"十一五"农民体育健身工程建设规划》的通知[S].体群字〔2007〕74号.

[5]胡富松,王博文,罗华福.海南省少数民族地区农民健身工程现状的调查与分析[R].第二届全民健身科学大会论文专题报告,2010-05.

[6]国家体育总局.2001—2010年体育改革与发展纲要[Z].2000-12-31.

[7]王惠宁.宁夏:体彩公益金支持固原农民健身工程[J].中国财政,2009(11):60.

[8]江西省体育局[EB]http://www.jxsport.gov.cn.

[9]中华人民共和国国家统计局[EB].http://www.stats.gov.cn.

[10]中共中央、国务院."健康中国2030"规划纲要[Z].2016-10-25.